L'ENFANT
DU
CARNAVAL.

L'ENFANT
DU
CARNAVAL,

HISTOIRE REMARQUABLE ET SURTOUT VÉRITABLE,

PAR

M. PIGAULT-LEBRUN.

Valeat res ludicra.

TOME PREMIER.

A PARIS,

CHEZ BARBA, LIBRAIRE, PALAIS-ROYAL,
PROPRIÉTAIRE DES OEUVRES DE L'AUTEUR, ET ÉDITEUR
DES OEUVRES DE MM. PICARD ET ALEX. DUVAL.

1824.

L'ENFANT DU CARNAVAL,

AUX CITOYENS DE CALAIS.

Je suis né dans vos murs, et si l'on se choisissait une patrie, je n'en choisirais pas d'autre. Liés, presque tous, par le sang ou l'amitié, étrangers aux vices d'une grande ville, et ne connaissant que l'émulation des vertus, vous avez servi la chose publique, sans trahir l'honneur, sans outrager la nature. Calais est du très-petit nombre des villes que n'ont point ensanglantées l'ambition, l'intérêt, et les haines personnelles.

Je remplis un devoir bien doux, en vous offrant l'hommage d'un opuscule nouveau que vous accueillerez, peut-être, avec votre indulgence ordinaire. Si je me suis un peu égayé sur des ridicules, qui sont l'unique patrimoine des auteurs, je n'en respecte pas moins la mémoire de certains hommes, que j'ai connus dans mon enfance. On peut avoir été de la confrérie du Saint-Sacrement et de celle des Frères-Gigot (1), et conserver les droits les plus vrais à la considération publique. Le ridicule s'oublie; nos bonnes qualités nous survivent.

Riez donc, mes compatriotes, si j'ai pu être plaisant. Si je ne suis qu'ennuyeux, faites-moi grâce en faveur de l'intention. J'ai voulu vous amuser.

---

(1) La société des Frères-Gigot se composait de tous les gourmands de Calais. Pour être admis, il fallait faire ses preuves, et manger, seul, un gigot de six livres. Tous les membres de cette confrérie sont morts d'indigestion.

L'ENFANT DU CARNAVAL.

Valeat res ludicra.

CHAPITRE PREMIER.

INTRODUCTION NÉCESSAIRE.

Je m'avise d'écrire mes aventures, et je ne sais trop pourquoi. Est-ce vraiment besoin d'écrire ? est-ce un mouvement d'orgueil, ou un motif d'intérêt ? peut-être est-ce un peu de tout cela. Au reste, je commence, sans trop m'inquiéter de ce que le Livre deviendra, ni de ce que le Lecteur en pensera : c'est l'affaire de mon Libraire.

Il n'est pas de héros de roman qui n'instruise le public des moindres détails de sa naissance, et ce n'est pas ordinairement la partie la plus intéressante de l'ouvrage, car nous naissons à peu près de la même manière ; mais comme il faut commencer par le commencement, je me soumettrai à l'usage reçu, et je dirai, le plus brièvement qu'il me sera possible, quand, comment, et pourquoi je vins au monde.

A Calais, ville célèbre à jamais par le fameux Eustache de Saint-Pierre, qui eut la manie de se faire pendre, pour des affaires qui ne le regardaient pas, vivait, en l'an mil sept cent soixante-quatre, un homme d'environ soixante ans, de la taille de cinq pieds cinq pouces, portant habituellement un habit de ratine écarlate, une perruque à trois marteaux, un gros manchon blanc, attaché autour du corps par une bandoulière du même poil, et qui, dans cet équipage, majestueux ou grotesque, selon le goût ou les inclinations du lecteur, suivait régulièrement, aux processions, le Saint-Sacrement, dont il avait l'honneur d'être confrère; escortait, un cierge à la main, les très-dignes prêtres de la paroisse, qui portaient aux malades le Créateur, empaqueté dans une sacoche de soie; et, par-dessus tout cela, l'homme à l'habit rouge, à la perruque à trois marteaux, et au manchon blanc, avait une dévotion particulière à saint François, qui ne lui avait jamais fait ni bien ni mal, et il était inscrit sur la liste des bienfaiteurs des révérends pères capucins de Calais, qu'il régalait assez fréquemment, et dont la société lui plaisait fort, parce qu'ils étaient à peu près aussi sots les uns que les autres. Mangeant beaucoup, parlant peu, pensant moins, mais digérant à merveille, monsieur Bridault (c'est l'homme à l'habit rouge) avait acquis, à force de digestions, ce que les gens, craignant Dieu, appelaient, en ce temps-là, une face de prédestination, c'est-à-dire, une figure pleine, un double menton, une peau lisse et brillante, et il payait ces avantages précieux par le petit inconvénient d'être attaqué, deux fois l'an, de la goutte qui ne le dégoûtait pas du vin de Bordeaux qu'il aimait beaucoup, ni des épices, dont mademoiselle Suson, gouvernante sur le retour, mais qui paraissait ne s'être pas toujours bornée aux fonctions de la cuisine, assaisonnait les ragoûts qu'elle servait à monsieur Bridault.

Le lecteur, dont l'imagination va toujours le galop, s'imagine déjà que monsieur Bridault fut mon père : pas du tout. Le saint homme se mettait, tous les jours, sans scrupule, dans la vigne du seigneur; mais il se fût éternellement reproché d'avoir remué le bout du doigt pour procréer son semblable : aussi vécut-il vierge, à ce qu'assurent les hommes de Calais, qui n'en savent rien ; mais quelques douairières, consœurs du Saint-Sacrement, baissent les yeux quand on parle devant elles de la virginité de monsieur Bridault, ce qui rend la leur un peu équivoque, aux yeux de certaines gens qui ne manquent pas de voir le mal où il est, de le supposer où il n'est pas, et de se mêler de tout, hors de leurs affaires.

Mademoiselle Suson, le dimanche gras de l'an mil sept cent soixante-quatre, dit à monsieur Bridault qui souffrait comme un damné ou un martyr, la jambe douillettement étendue sur un oreiller d'édredon, et qui, de peur de jurer, chantait, en grinçant les dents, une complainte du cantique de Marseille, ouvrage excellent pour l'édification des fidèles, où l'esprit n'a point de part, et où l'intention fait tout, mademoiselle Suson dit donc à monsieur Bridault : « Dans deux jours, monsieur

» Bridault, nous entrons dans un saint
» temps d'abstinence, qui vous guérira
» de la goutte, si, par un excès de
» mortification, vous voulez substituer
» la tisane au vin de Bordeaux. Cepen-
» dant je suis d'avis que le carême ne
» commence chez vous, comme ail-
» leurs, que le mercredi des cendres,
» et je vous conseille d'envoyer prier
» le père Jean-François, qui a presque
» autant d'esprit que vous, à venir faire
» ici les jours gras. Si quelque douleur
» un peu vive vous contraint à chanter,
» le père Jean-François, qui chante à
» merveille, quoiqu'un peu du nez, se-
» lon l'usage de son ordre, entonnera
» avec vous la complainte de Judith,
» celles de Joseph, du mauvais Riche,
» et de sainte Geneviève de Brabant.
» Je mêlerai ma voix aux vôtres, et ce
» concert mystique sera sans doute
» très-agréable aux voisins et au ciel.
» A la fin de chaque complainte, on

» prendra un doigt de vin, accompa-
» gné d'un beignet, que je fais au mieux,
» dont le père Jean-François se farcit
» l'estomac avec délices, et dont il se
» graisse séraphiquement la barbe et
» les moustaches. »

« Fais, mon enfant, fais, » répondit monsieur Bridault, en tournant sur Suson un œil bleu, qui avait perdu de sa vivacité, mais qui n'était pas encore dépourvu d'expression.

Aussitôt Suson dépêche à la capucinière un polisson de dix ans, qui faisait chez monsieur Bridault les fonctions de commissionnaire et de marmiton, et qui mettait bas, en entrant à la cuisine, la casaque rouge et la calotte d'enfant de chœur, dont le curé de Calais l'avait décoré à la prière de son patron, à qui l'église prodiguait ses plus précieuses faveurs.

Le père Jean-François reçut l'invitation avec cordialité et modestie. Il sourit au marmiton, lui donna de ses deux doigts sur la joue, et lui dit qu'il se rendrait chez monsieur Bridault, dès qu'il serait débarrassé de deux dévotes qui l'attendaient au confessionnal.

Le père Jean-François était un capucin indigne dans toute l'étendue du mot. Ignorant, comme son saint fondateur, crasseux comme lui, gourmand comme tous les capucins du monde chrétien réunis, égoïste et insouciant comme eux, du reste assez honnête homme pour un moine.

A midi précis, sa révérence sonne à la porte de monsieur Bridault. Mademoiselle Suson l'introduit; les deux hommes de Dieu s'embrassent affectueusement, parlent un moment du relâchement de la foi, des plaisanteries irréligieuses de quelques jeunes gens de Calais, qui prétendent avoir de l'esprit, on ne sait pourquoi; de l'indulgence criminelle des pères et mères, qui leur permettent de lire des livres dictés par le démon, et qu'on devrait brûler jusqu'au dernier, comme les ouvrages de Voltaire, de Jean-Jacques et de leurs disciples; et pendant cet entretien, très-utile sans doute au progrès de la raison humaine, et à la splendeur de l'État, mademoiselle Suson servait un potage succulent, qui fut relevé par une excellente pièce de bœuf, que monsieur Détailleur, fameux boucher de Calais, et confrère de saint Roch, avait réservée pour la bouche de monsieur Bridault. Ladite pièce de bœuf fut flanquée d'un plat de petits pâtés de la façon de monsieur Darquère, et de deux andouilles grillées, préparées par monsieur Bouvigny, pâtissier et charcutier tel qu'on n'en trouve pas de semblable à vingt lieues à la ronde.

La conversation tomba, pendant que ces messieurs fêtoyèrent le premier service, et qu'ils se montèrent l'imagination, à l'aide de quelques flacons d'un vin vieux, que monsieur Bridault réservait pour les grandes occasions. Mais tandis que Suson enlevait ces plats à demi-dévorés, le père Jean-François, qui se piquait d'être plaisant quand il avait bu, s'égaya sur le compte des dames de Calais, qui vont, à la vérité, au sermon, mais qui le soir mettent des mouches, et fréquentent le spectacle, pour le seul plaisir de pécher, car la salle est vilaine, mal éclairée, les acteurs détestables, et les pièces qu'ils jouent anti-chrétiennes, et assez mauvaises pour la plupart.

Allons, allons, reprit monsieur Bridault, moins de fiel, père Jean-François. Si nos dames vont au spectacle, elles sont sédentaires dans leurs ménages, économes, très-attachées à leurs maris.... Ah! interrompit le père Jean-François, je vois bien que vous ne les confessez point. Le révérend allait sans doute, et le plus innocemment du monde, révéler les secrets de la confession, lorsque Suson parut portant une poularde grasse à lard, élève de madame Guche, fermière très-experte dans l'art d'engraisser la volaille. Une salade de passe-pierre et une pyramide de beignets fermèrent la bouche au bon père, ou plutôt la lui firent ouvrir de manière qu'il ne fut plus question du prochain, et qu'il ne s'occupa que de lui.

Vers la fin du repas, monsieur Bridault, que, très-heureusement pour moi, la goutte ne tourmentait pas, s'endormit insensiblement, en écoutant les contes bleus de son convive, qui voyant cela, prit le parti de se taire, et de boire tout seul.

L'estomac du père Jean-François, quoique d'une énorme capacité, s'emplit à la fin, et s'emplit de manière que sa révérence s'aperçut que les voies urinaires seraient insuffisantes. Un hoquet annonça les suites connues de l'intempérance. Il sortit précipitamment de la salle, où monsieur Bridault ronflait comme quatre, et au lieu de prendre la porte de la cour, il enfila, très-heureusement pour moi, celle de la cuisine.

Le marmiton-musicien, après avoir dîné légèrement, avait quitté le tablier, avait repris sa jaquette et sa calotte rouges, et était allé aider monsieur le curé à mâchonner ses vêpres. Mademoiselle Suson finissait de se restaurer, et était passablement enluminée. Elle vit le révérend dans un état qui lui fit compassion : les yeux lui roulaient dans la tête, ses joues étaient pourpre, ses jambes chancelaient; il allait enfin écraser le pavé de toute la pesanteur de son corps, lorsque mademoiselle Suson lui tendit une main secourable, et lui fit reprendre l'équilibre. Le bon père voulut marmoter deux mots d'excuses et de civilités; mais à peine eut-il desserré les dents, que la nature, contrainte jusqu'alors, se soulagea d'une manière effrayante. L'éruption fut terrible, et très-heureusement pour moi, le superflu du dîner du père Jean-François inonda un double fichu de mousseline, qui enveloppait mademoiselle Suson, depuis le menton jusqu'à la ceinture. La partie liquide pénétra bientôt à travers le fichu. Mademoiselle Suson cria comme un possédé qu'on exorcise, et très-heureusement pour moi, monsieur Bridault ne s'éveilla point.

Le père Jean-François, qu'une aussi copieuse évacuation avait remis dans son état naturel, se saisit d'un torchon, et se mit à torchonner le fichu de mademoiselle Suson, qui de son côté frottait de toutes ses forces. L'épingle se détache, le fichu s'entr'ouvre, et le bon père trouve encore à frotter. Vous me salissez, vous me faites mal, lui criait

Suzon; ce torchon est d'un dur.... Le père Jean-François tire de sa manche un mouchoir des Indes, le lui passe sur le cou; puis plus bas, plus bas encore. Sa main s'arrête, involontairement, sur des formes qui lui étaient inconnues, et qui étaient encore d'un embonpoint supportable. La grâce suffisante ne suffit plus; la grâce agissante agissait comme tous les diables; Suzon, de son côté, qui n'avait jamais senti la main d'un homme errante sur ses charmes, et qui avait copieusement dîné, se trouva toute en feu; le révérend la poussa; Suson, qui n'avait pas prévu l'attaque, ne songea pas à la défense; et le dimanche gras de l'an de grâce mil sept cent soixante-quatre, je fus fait sur la table de cuisine de monsieur Bridault, précisément comme les enfans se font par tous les habitans de Calais et de la banlieue, à la gêne de la situation près, à laquelle se résignent aisément des dévots, qui savent bien que nous ne sommes pas dans ce bas monde pour y avoir toutes nos aises.

Après l'acte de ma fabrication, mon père et ma mère restèrent confus, l'un vis-à-vis de l'autre, se regardèrent enfin du coin de l'œil, tombèrent à genoux de concert, dirent ensemble leur *confiteor*, psalmodièrent le *miserere*, se donnèrent le baiser de paix, en se relevant, et dirent avec un soupir : Il en sera ce qu'il plaira à Dieu, mais le démon de la chair nous a surpris, et nous sommes innocens du fait.

———

CHAPITRE II.

Colère de monsieur Bridault. Ma naissance.

Une douleur aiguë réveilla monsieur Bridault, qui jeta un cri perçant, et sonna à casser sa sonnette. Le père Jean-François et mademoiselle Suson rentrent subitement, et se mettent en devoir de soulager le malade. Suson, ma fille, que signifie cette indécence, dit M. Bridault? où est donc votre fichu? La pauvre fille rougit, balbutie, et sort pour l'aller prendre. En voici bien d'un autre, continua monsieur Bridault! qu'avez-vous au derrière? C'étaient les débris de l'andouille, et un plat d'épinards, destiné pour le souper de Monsieur, qui, par malheur, s'étaient trouvés sur la table de la cuisine, et qui, plus malheureusement encore, s'étaient attachés et étendus sur la jupe blanche de la pauvre Suson, qui n'ayant pas l'habitude de pécher, avait négligé toutes les précautions d'usage. Répondez donc, reprend avec force monsieur Bridault? qu'est-ce que cela veut dire? Suson pâlit, chancelle, et tombe sans connaissance sur une chaise. Le père Jean-François était resté debout devant Monsieur Bridault, les yeux baissés, les lèvres décolorées, dans l'attitude d'un criminel qui attend son arrêt. Corbleu! s'écrie monsieur Bridault, qui, bien que dévot, s'échauffait quelquefois, il s'est passé quelque chose d'extraordinaire. Voyez, père Jean-François, voyez le devant de votre robe. C'étaient encore les traîtres d'épinards qui avaient coulé partout. L'infortuné capucin, qui s'exprimait difficilement quand il avait la tête à lui, ne put trouver un mot dans cette circonstance épineuse; il ne pensa pas même à chercher de ces mensonges si simples et si utiles en pareil cas, et il ne répondit à monsieur Bridault qu'en se jetant à ses pieds, et en les lui serrant de toutes ses forces. Ahie! ahie! ahie! cria monsieur Bridault, d'une voix de Stentor; que le diable emporte tous les capucins du monde! Celui-ci vient de forniquer avec ma servante, et, sans pitié pour mon état, il me serre la jambe de manière à faire remonter ma goutte jusques dans mon estomac. Ahie! ahie! ahie!..... Suson, à ces cris redoublés, sort de sa léthargie, voit son malheureux complice aux genoux de monsieur Bridault, s'y précipite avec lui, et se jette sur son autre jambe, qu'elle presse dans ses bras, et qu'elle arrose de ses larmes. Les douleurs de monsieur Bridault se multiplient, et deviennent insupportables. Il tempête, il jure, il blasphème; les clameurs des deux coupables, serrant toujours plus fort, et implorant sa miséricorde, se mêlent à ses cris. La rage s'empare enfin de monsieur Bridault. Il saisit une béquille, qui se trouva près de son grand fauteuil, et frappant alternativement et sans relâche, sur la moelle épinière de mademoiselle Suson et du père Jean-François, il les obligea à lâcher prise et à s'aller réfugier à l'autre bout de la salle.

Ici la scène change. Les douleurs de monsieur Bridault s'apaisent peu à peu, et il réfléchit, avec confusion, à la colère qui s'est emparée de lui. Le père Jean-François et mademoiselle Suson, humiliés et repentans, lui inspirèrent un sentiment de commisération ; il sentit se ranimer la charité chrétienne, et il leur tint ce discours : « Si la loi
» nouvelle proscrit sévèrement la for-
» nication, on ne peut se dissimuler
» qu'elle n'ait été tolérée et même per-

» mise par la loi ancienne. Abraham
» ne forniqua-t-il point avec Agar, Ruth
» avec Booz, Judith avec Holopherne,
» et Salomon avec toutes les catins de
» la Judée? Si notre mère, la sainte
» Église, a jugé à propos d'interdire la
» fornication aux fidèles, qui n'en for-
» niquent pas moins, elle a eu sans
» doute des raisons que nous ne con-
» naissons point, et qu'il ne nous con-
» vient pas de vouloir pénétrer. For-
» niquons le moins possible, et sou-
» mettons-nous, enfans respectueux,
» aux lois de cette bonne mère, qui
» exige beaucoup sans doute de notre
» faiblesse, mais qui nous pardonne
» tout moyennant des pénitences men-
» tales ou pécuniaires, selon l'exi-
» geance du cas. Mes enfans, je vois,
» à votre air contrit et embarrassé,
» que vous n'êtes pas coutumiers du
» fait; d'ailleurs vous n'avez souillé le
» lit de personne, et le ciel vous par-

» donnera bien plus facilement qu'aux
» vieillards qui convoitèrent Susanne,
» qui était mariée, et qui, au lieu de
» faire la renchérie, n'avait qu'à les
» mettre au pied du mur pour s'en dé-
» barrasser. Il vous pardonnera bien
» plus aisément qu'au roi David, qui,
» de sa pleine puissance, cocufia le
» bon homme Urie, qui ne s'en plai-
» gnit point, et qui ne fut pas cause
» que l'Éternel mit son bonnet de
» travers, et fit crever de la peste
» une foule d'honnêtes gens, qui n'é-
» taient pas responsables des sottises
» du monarque israélite. Cependant
» comme le repentir, pur et simple,
» ne suffit pas toujours pour désarmer
» la justice divine, nous y joindrons
» une réparation proportionnée à l'of-
» fense. Nous sommes tous trois éga-
» lement coupables; vous, d'être tom-
» bés dans la luxure, moi, de m'être
» laissé surprendre par la colère, pé-

» chés mortels qui tuent infaillible-
» ment l'ame sans rien déranger à
» la santé du corps. Employons donc,
» tous trois, des moyens expiatoires, et
» Dieu lui-même nous les a indiqués.
» Il a voulu que les épinards passas-
» sent de la casserole au derrière de
» Suson; ainsi on ne les servira point
» sur ma table, et on ne soupera pas
» aujourd'hui. On se contentera d'un
» biscuit trempé dans un verre de vin
» de Bordeaux, et le père Jean-Fran-
» çois se retirera dans son couvent,
» où il priera Saint-François d'Assise
» de me pardonner les coups de bé-
» quille dont je lui ai meurtri l'omo-
» plate, et Notre-Dame de bon se-
» cours, de ne pas permettre que sa
» faute ait des suites déshonorantes
» pour lui, et embarrassantes pour
» Suson. »

Par l'intercession de Notre-Dame de bon secours, mademoiselle Suson fut attaquée, quelques jours après, de nausées fréquentes, d'un dégoût continuel, et, par-ci par-là, de quelques envies de vomir, pour lesquelles monsieur Vital, apothicaire érudit, se mêlant comme tant d'autres d'exercer la médecine, jugea à propos de lui faire prendre cinq à six grains d'émétique, qui la secouèrent vigoureusement, sans me faire quitter mon poste, tant la grâce agissante avait agi avec efficacité. Les nausées, le dégoût et les envies de vomir allant toujours leur train, monsieur Vital doubla, tripla la dose, et émétisa tant et tant, que la pauvre Suson fatiguée, tourmentée, déchirée, fut obligée de se mettre au lit, envoya par-delà les monts l'émétiseur et l'émétique, et se rétablit insensiblement, par la seule vertu du cordon de Saint-François, aux nausées, au dégoût et aux envies de vomir près, qui ne la quittaient plus un instant.

Monsieur Bridault, très-grand casuiste, mais très-neuf dans le cas dont il s'agit, ne concevait rien à cette maladie, qui l'inquiétait, l'affligeait, et le privait des bons offices de Suson; et, quoiqu'il se fût bien promis de ne jamais prononcer son nom en présence du père Jean-François, par ménagement pour son extrême délicatesse, il ne put s'empêcher de débonder son cœur, dans un de ces momens d'épanchement, où la sensibilité l'emporte sur toute autre considération.

Le père Jean-François, en confessant les fillettes de Calais, qui ne sont pas toutes des vestales, s'était mis au courant de certaines peccadilles, et des petits inconvéniens qui en résultent. Aux premiers mots de nausées, de dégoût et d'envie de vomir, il s'écria : « Je suis perdu, et saint François, » avec toute sa puissance, ne me sau- » vera pas. Suson est grosse! elle est

» grosse des œuvres d'un capucin !
» Suson accouchera, le voisinage cla-
» baudera, le père gardien le saura,
» m'enfermera, m'étrillera, me stig-
» matisera, et cœtera, et cœtera....
» Monsieur Bridault, comment me ti-
» rer de là ?

» Si Suson est grosse, répliqua mon-
» sieur Bridault, Suson accouchera
» sans doute ; mais qui diantre s'ima-
» ginera que Suson se soit laissé faire
» un petit capucin ? Si le bon Dieu,
» pour m'innocenter, ne fait naître
» l'enfant avec la barbe au menton et
» la couronne de cheveux sur le chef,
» tout Calais me désignera, me ber-
» nera, me vilipendera ; et que ferai-
» je à tout cela ?.... Buvons un coup,
» père Jean-François.

» Je pense, reprit monsieur Bri-
» dault après un moment de silence,
» qu'il a souvent plu à Dieu d'éprou-
» ver le juste même, par de grandes

» tribulations ; témoin le saint homme
» Job, qui ne fit jamais d'enfans qu'à
» sa femme, et qui n'en mourut pas
» moins, sur un fumier, d'une mala-
» die qui ressemblait assez à la sœur
» aînée de la petite vérole. Mais Dieu
» laisse au pécheur, comme au juste,
» la patience et la résignation, qui font
» supporter des adversités passagères,
» et qui les font tourner au profit de
» l'ame. Vous avez fait un enfant, père
» François; ce qui est fait est fait; priez,
» et résignez-vous. Cet enfant a résisté
» à l'émétique de monsieur Vital; la
» Providence, dans ses décrets éter-
» nels, le destine sans doute à des cho-
» ses étonnantes. Soignons donc Su-
» son, pendant sa grossesse, et, quand
» son fruit paraîtra sur cette terre de
» calamités, prodiguons-lui nos se-
» cours spirituels et temporels : le ciel
» fera le reste.

» Mais comme il faut surtout éviter

» le scandale, qui fait pécher le faible,
» et qui donne à rire au méchant, et
» qu'il est écrit, *aidez-vous et Dieu vous*
» *aidera*, usons d'une ruse pieuse que
» saint Antoine, mon patron, me sug-
» gère en ce moment, laquelle mettra
» à couvert votre réputation, la mienne
» et celle de cette pauvre Suson. A
» quelques lieues d'ici est la chapelle
» de Saint-Gandouffle, célèbre par les
» pélerinages des goutteux du Calaisis.
» Je monterai dans mon cabriolet, je
» placerai Suson à mon côté, et j'irai
» à Saint-Gandouffle; de Saint-Gan-
» douffle j'irai faire une neuvaine à
» Notre-Dame de Boulogne, ce qui
» me donnera le prétexte d'aller voir
» mon ami le curé de Samer, dont la
» cure n'est pas éloignée de cette ville;
» et comme mon ami le curé de Samer
» est un homme craignant Dieu, cha-
» ritable et discret, je lui conterai la
» piteuse aventure de ma servante,

» et moyennant quelques aumônes
» aux pauvres de la paroisse, il lui
» permettra de rendre chez lui en gros,
» ce qu'elle a pris ici en détail.

» Très-bon, très-pieux et très-adroit
» monsieur Bridault, s'écria le père
» Jean-François, béni soit à jamais
» le grand saint Antoine qui vous a
» soufflé cette pensée salutaire pour
» nous tous! Grâces vous soient ren-
» dues pour votre charité vraiment
» chrétienne, et le zèle ardent qui
» vous porte à secourir le pécheur !
» Vous êtes vraiment mon ami, mon
» protecteur, mon bon ange.... Buvons
» un coup, monsieur Bridault. »

Dès le lendemain de cet entretien, mademoiselle Suson fut chargée de dire à Branlant de se tenir prêt pour le voyage de Saint-Gandouffle. Branlant était un charretier, bedeau de la paroisse de Calais, qui avait le privilége exclusif d'atteler une rosse, dont il était propriétaire, à toutes les carrioles des béates et des confrères du Saint-Sacrement de la ville, et qui les traînait, au petit pas, où leurs affaires, leurs plaisirs, ou leur dévotion les appelaient.

Branlant donc arrive, au jour et à l'heure indiqués, à la porte de M. Bridault, en faisant claquer son fouet, le seul que le charretier-bedeau eût jamais fait claquer de sa vie.

Aussitôt mademoiselle Suson ouvre les deux battans de la grande porte, et Branlant met sa bête à une voiture d'osier, doublée de camelot gris, qui était remisée sous un bûcher, et qui servait de retraite à deux dindons qu'on se proposait de manger le lundi et mardi gras derniers, et qui devaient le sursis dont ils jouissaient, à l'accident du père Jean-François et de mademoiselle Suson.

Pendant que Branlant nettoie l'extérieur de la carriole, qu'il expulse les araignées qui s'étaient emparées de l'intérieur, et qu'il graisse les roues, mademoiselle Suson descend, un petit panier à la main, garni de flacons de la liqueur de madame Anfoux, d'un cervelas de monsieur Bouvigny, d'un pain-d'épices d'Angleterre, et portant sous un bras les bottes fourrées de Monsieur, et le petit office de la Vierge sous l'autre.

On monte en voiture. Branlant enfourche sa jument, un pied sur chaque brancard, attitude usitée parmi les voituriers du pays, laquelle monte leurs genoux à la hauteur de leur menton, et leur postérieur au niveau du nez des voiturés. Heureusement, monsieur Branlant n'était pas d'un naturel venteux.

L'équipage sort de la porte cochère. Monsieur Bridault et mademoiselle Suson font leur signe de croix, selon l'usage des gens pieux de Calais, qui, au moyen de cette précaution, ont souvent voyagé sans accident jusqu'à Coulogne ou Saint-Tricat, quoiqu'il y ait au moins une lieue et demie de la ville à ces deux villages.

A peine eut-on perdu de vue le clocher de Calais, que Branlant, qui n'était pas un bedeau honoraire, mais qui possédait son lutrin, se mit à pousser un *Pange lingua*, d'une manière tout-à-fait agréable, et monsieur Bridault et mademoiselle Suson, qui n'avaient rien de mieux à faire, chantèrent à l'unisson. Au *Pange lingua* succéda le *Stabat mater*; au *Stabat mater*, le *Salve regina*, et comme on ne peut pas toujours chanter, monsieur Bridault s'endormit de son côté, mademoiselle Suson du sien, et l'infatigable Branlant commençait les litanies des saints, les mains croisées sur la poitrine, et les yeux fixés vers le ciel, lorsque Branlant, son cheval, la voiture, et tout ce qui était dedans, roulèrent au fond d'un fossé, que Branlant n'avait pu éviter, par la raison, infiniment simple, que celui qui tourne ses regards vers le ciel, ne voit plus ce qui se passe à ses pieds.

Mademoiselle Suson, que monsieur Bridault accablait du poids de son corps, criait, et se débattait comme un diable au fond d'un bénitier. A force de se débattre, elle dégage une jambe, puis l'autre, et se sentant la tête prise entre les cuisses de son bon maître, elle veut sortir à reculons; ses jupons s'accrochent à l'ardillon d'une boucle, qui tenait à une courroie, qui attachait les rideaux de la carriole. Suson pousse, avance les cuisses et toutes les dépendances des pays-bas. Les jupons restent en arrière, et trois dragons, qui passaient par hasard, eurent le loisir et la méchanceté de faire de très-longues, et de très-mauvaises plaisanteries sur des fesses qui, pour la première fois, étaient éclairées des rayons du soleil.

Branlant, qui s'était retiré de dessous sa rosse, les tança, avec l'aigreur d'un sous-homme d'église ; accourut mettre son chapeau sur la nudité de mademoiselle Suson, et, s'aidant de l'autre main, il tira de la carriole la totalité du corps, qui tira après lui l'avant-train de monsieur Bridault, accroché par la tête de Suson, laquelle faisait d'horribles grimaces, occasionées par certaines exhalaisons, que la peur et l'incommodité de la position avaient fait échapper du corps onctueux de monsieur Bridault.

Les dragons, qui sont d'assez bons diables, quand on ne leur échauffe pas la bile, remirent sur pied nos voyageurs, aidèrent à Branlant à relever la carriole, et, pour prix de leurs services, ils reçurent, de la main de mademoiselle Suson, un petit verre de la liqueur de madame Anfoux, et une tranche de pain-d'épices d'Angleterre. Ils furent si sensibles à ce procédé, qu'ils juchèrent dans la voiture monsieur Bridault et sa gouvernante, grimpèrent Branlant sur son cheval, et prirent congé d'eux, aussi civilement que le peuvent des dragons.

A la prière de mademoiselle Suson, Branlant ne chanta plus, et on arriva, sans autre accident, à Saint-Gandouffle, d'où on poussa jusqu'à Notre-Dame de Boulogne, et de là à Samer, où les choses s'arrangeant comme monsieur Bridault l'avait prévu, mademoiselle Suson, malgré les incommodités de sa grossesse, accoucha heureusement d'un garçon bien conditionné, qui s'empresse, dès l'instant de sa naissance, de présenter ses très-humbles respects au lecteur bénévole, qui veut bien perdre son temps à lire ces aventures.

CHAPITRE III.

Ma première éducation.

Ainsi que les femmes légitimement mariées, et qui deviennent mères légitimes, non pas dans l'intention de remplir les devoirs de la maternité, mais seulement pour leurs menus plaisirs, ne manquent jamais d'envoyer leurs enfans en nourrice, pour peu qu'elles aient d'égards pour leur gorge et de complaisance pour leurs amans; ainsi mademoiselle Suson, qui était devenue mère incognito, et par un de ces hasards dont tant de pauvres filles ont été et seront encore victimes, se décida facilement et par égard, non pour sa gorge, mais pour sa gloire, à éloigner d'elle le petit capucin, qu'elle aimait de tout son cœur, mais qu'elle ne pouvait allaiter, sans se perdre dans l'esprit de tous les fidèles du Calaisis.

Le curé de Samer, qui pensait à tout, et qui d'ailleurs était connaisseur, avait distingué, au marché, une paysanne, dont les tétons volumineux étaient à peine arrêtés par de fortes épingles, et par les triples cordons de ses jupons. Il l'aborde, l'interroge, et la villageoise, à travers mainte révérence, conte à monsieur le curé qu'elle est venue à Samer acheter de la poterie pour son ménage; qu'elle est mariée à Sangatte, village superbe près de Calais, composé de trente à quarante chaumières, bâties, tant bien que mal, dans un canton où la nature ne produit pas un arbre, mais où le vent du nord, qui souffle les trois quarts de l'année, fait continuellement pleuvoir un sable de mer, qui, joint aux cailloux dont le sol est couvert, rend la terre à peu près stérile; elle ajoute que son mari, le plus honnête homme du monde, s'enivre exactement tous les dimanches, la bat tous les jours, et lui fait un enfant tous les ans, ce qui l'engage à lui passer bien des petites choses; enfin qu'elle est accouchée depuis trois mois, et qu'elle serait bien aise de trouver un nourrisson, qu'elle aimerait très-certainement autant que les siens, et dont elle aurait les mêmes soins, pour lesquels elle ne demanderait rien, si les temps n'étaient pas aussi durs.

Monsieur le curé répond à ce verbiage, qu'une pauvre veuve vient d'accoucher d'un posthume, que les nécessiteux se multiplient, qu'on ne peut pas payer bien cher; mais que si elle remplit ses obligations, un digne membre de la confrérie du Saint-Sacrement de Calais se chargera des gratifications, et que l'accessoire vaudra au moins le principal.

La bonne femme proteste, les larmes aux yeux, de sa charité et de son affection pour le petit malheureux, à qui le ciel avait ôté son père, et le curé la conduit, elle, son âne et sa poterie au presbytère. On coupe en quatre une vieille couverture de jument poulinière, qui avait vieilli au service du pasteur, et voilà des langes; on rassemble six torchons passablement blanchis, et voilà des couches; on trouve un vieux sac de toile, on l'emplit de paille d'avoine, et voilà un lit; on met le tout dans un des paniers de l'âne, on m'attache par-dessus ma layette avec une des sangles de la jument; la poterie de terre, placée de l'autre côté, fait le contre-poids; la nourrice monte à califourchon, entre les deux paniers, après avoir reçu du curé vingt-quatre sous de denier-adieu, douze francs d'avance pour deux mois, et un louis d'or que monsieur Bridault, qui faisait de bonnes œuvres sans ostentation, lui glissa furtivement dans la main, pour éviter les remontrances parcimoniéuses du bon curé. Ma mère d'adoption, enchantée de ses manières, part gaîment, traverse le village, s'arrête au cabaret du lieu, s'y corrobore l'estomac d'un doigt de riquiqui, fouette sa monture, et voilà l'Enfant du Carnaval sur la route de Sangatte.

Trois années s'écoulèrent, je ne me rappelle pas comment, parce que mon ame immortelle, émanée directement de la divinité, et qui pensait sans doute, avant d'être confinée entre la vessie et le boyau rectum de mademoiselle Suson, se trouva tellement obstruée par mes organes terrestres et informes, qu'elle ne pouvait concevoir aucune des idées nettes et lumineuses qui l'ont depuis si magnifiquement distinguée. Un grand philosophe de mes amis a voulu me faire croire, il y a quelques jours, que la faculté de penser, comme celle de voir, dépend du développement de nos organes; que ces organes, à mesure qu'ils parviennent au degré de perfection qui leur est propre, sont affectés par tout ce qui a quelque analogie avec eux; que ces premières affections des fibres du cerveau produisent nos premières idées; que ces idées premières, fortement gravées dans une cervelle neuve encore, et susceptible de toutes sortes d'impressions, sont ce qu'on appelle proprement la mémoire; que la mémoire nous aide à comparer les idées, qui se classent successivement dans notre tête; que l'habitude de comparer ces idées, d'adopter et de suivre celles qui paraissent convenables à notre conservation et à notre bien-être, et de rejeter celles qui paraissent leur être contraires, est ce qui constitue notre jugement, qui est plus ou moins parfait, selon que nos organes sont plus ou moins vivement frappés des objets extérieurs, et qu'ils en sont frappés avec plus ou moins de justesse. Il s'ensuivrait du raisonnement de ce grand homme, que nous pensons comme nous respirons, comme nous mangeons, comme nous digérons, par des moyens simples, naturels et matériels, ce qui est évidemment contraire à la raison, à la révélation, et à l'opinion des hommes de tous les siècles et de tous les lieux, qui ne se trompent jamais, lors même qu'ils raisonnent de choses dont ils n'ont nulle espèce de notion. Aussi suis-je fortement persuadé que j'ai une ame immortelle, quoique l'immortalité et la construction de mon individu ne me paraissent pas très-compatibles; quoique je ne conçoive pas comment un être étranger à la matière, qui n'a ni étendue, ni consistance, ni couleur, qui est inaccessible aux sens comme à la raison, peut agir sur la matière, ou être soumis aux impulsions de la matière; quoique je ne devine pas pourquoi j'ai mal à la tête, quand j'ai longtemps et fortement pensé; pourquoi je pense difficilement, quand j'ai mal digéré; pourquoi je pense moins encore quand j'ai une indigestion; pourquoi un fou pense tout de travers, quoique son corps soit en parfaite santé; pourquoi enfin l'ame du père Jean-François n'est qu'une bête, lorsque celle de Voltaire est sublime, quoiqu'il soit évident que l'une et l'autre sont une émanation de la divinité. Mais où serait le mérite de croire ce qui serait démontré, comme on démontre que deux et deux font quatre? Il est bien plus beau et plus méritoire de convenir, sans discussion, que deux et deux font cinq.

Mais laissons-là ce galimatias métaphysique, et revenons à mon corps, qui vaut bien la peine qu'on s'occupe de lui, à ce que m'ont dit certaines dames, qui font autant de cas du physique que du moral.

Me voilà donc à l'âge de trois ans, courant tout nu sur les bords de la mer; ramassant tantôt des cailloux, tantôt des coquillages, que j'apportais au milieu d'une cour fangeuse, dans laquelle je me roulais avec cinq ou six frères et sœurs de lait, sept à huit petits cochons, qui me paraissaient très-jolis, et autant de canards, dont le chant affectait fort agréablement mon oreille, qui fut dans tous les temps très-sensible aux charmes de l'harmonie. A déjeuner, un chiffon de pain de seigle, dont on s'était bien gardé d'extraire le son; à midi, une gamelle de bois remplie d'une soupe à manger à la main, sur laquelle nous nous jetions à l'envi, moi, mes frères de lait, les cochons, les canards, et qui était expédiée en un clin d'œil; à souper, deux ou trois pommes de terre cuites sous la cendre, et assaisonnées d'un grain de sel; tel était l'ordinaire de la journée, à la fin de laquelle on s'allait coucher, pêle-mêle, sur un tas de paille, que je ne me souviens pas d'avoir jamais vu renouveler, et où on dormait d'un profond sommeil, pendant que les puces soupaient à leur tour.

Mais le dimanche matin, ma nourrice décorait mon berceau de tous ses ustensiles, me débarbouillait de la tête aux pieds, me passait la chemise du dimanche précédent, me mettait mon beau fourreau, mes bas de coton blanc, et mes souliers neufs, qui, étant devenus trop courts et trop étroits, me faisaient faire des grimaces de possédé. On décrassait mon fauteuil avec de la cendre, on m'asseyait à l'endroit le plus propre de la hutte, on me mettait à la main un morceau d'un pain blanc, légèrement frotté d'un beurre frais et ragoûtant, et on me défendait de remuer et de pleurer, à peine d'avoir le fouet. Comme on me fustigeait assez régulièrement, et que cette cérémonie ne me plaisait pas du tout, je me soumettais aveuglément aux volontés de ma nourrice, qui ne voulait tout cela, que parce que mademoiselle Suson partait exactement de Calais, tous les dimanches après la messe de six heures, et arrivait à Sangatte à neuf, le mouchoir blanc sur la tête, noué négligemment sous le menton, et le petit panier au bras, dans lequel était une bouteille de vin et une douzaine de biscuits destinés à mon usage de la semaine.

Mademoiselle Suson était enchantée de l'appétit avec lequel je dévorais mon morceau de pain blanc, et de mon extrême propreté, et surtout de ce que je ne pleurais jamais, ce qui était une preuve incontestable que je me plaisais beaucoup à Sangatte. Elle m'embrassait maternellement, me faisait réciter mes prières, qu'on me fourrait dans la tête à coups d'étrivières, se louait de ma mémoire, de mon esprit, de ma gentillesse, des soins particuliers qu'on avait de moi, promettait d'en rendre compte à monsieur Bridault, qui me faisait élever par charité, mais qui s'intéressait beaucoup à mon sort, commérait une demi-heure avec ma nourrice, trouvait ses enfans très-jolis, leur distribuait quelques gros sous, faisait semblant de les embrasser, et retournait à Calais tremper la soupe de monsieur Bridault.

A peine mademoiselle Suson avait-elle les talons tournés, qu'on me déshabillait de la tête aux pieds, et qu'on serrait ma défroque dans un grand coffre de bois, jusqu'au dimanche suivant. Mon père nourricier buvait ma bouteille de vin tout d'un trait, mes frères de lait se partageaient mes biscuits, et je retournais gambader au milieu des cochons et des canards, mes camarades et mes amis.

J'approchais de ma sixième année, et je commençais à avoir quelque idée confuse de la propriété. Je trouvais mauvais, à part moi, qu'on bût mon vin, qu'on mangeât mes biscuits, et un beau dimanche j'en escamotai un à l'un de mes frères de lait, pour voir enfin quel goût a un biscuit. Je le trouvai excellent, et j'en escamotai un second. Mon frère, qui aimait les biscuits autant que moi, se plaignit à son père, qui me donna un violent coup de pied dans le cul; je rendis un coup de poing à celui qui m'avait procuré cette gratification; il me riposta avec un bâton, je le pris par les cheveux; les autres se jetèrent sur moi et me renversèrent; j'en empoignai un par l'oreille, j'en égratignai un autre à la jambe, j'en mordis un troisième à la fesse, et j'allais me débarrasser de tous mes assaillans, lorsque le père nourricier termina le combat à grands coups de fouet, dont les deux tiers tombaient de préférence sur moi. Les faits vérifiés et constatés, je fus déclaré coupable, et attaché avec un trait à une pièce de bois, verticalement plantée au milieu de la chaumière, pour empêcher le grenier de descendre au rez-de-chaussée.

Comme le mal ne reste jamais impuni, à ce qu'on dit, et à ce que je crois, mademoiselle Suson qui, en entrant, avait décrotté ses souliers de maroquin rouge, avec son petit couteau à manche de nacre de perles, et qui l'avait oublié sur le bord de ma couchette, retourna bientôt sur ses pas, pour chercher son petit couteau, dont elle faisait le plus grand cas, parce qu'il venait de la main de monsieur Bridault, et qu'il n'avait pas coupé leur amitié, comme le lui avaient pronostiqué quelques esprits forts du pays.

Qu'on se figure sa surprise et son indignation, quand elle me trouva nu, attaché à un poteau, le corps rouge encore des coups de fouet qu'on m'avait administrés ! son cœur se gonfla, des larmes lui roulèrent dans les yeux; mais la colère succédant bientôt à la sensibilité, elle apostropha, dans des termes très-durs, ma nourrice et son mari. Ceux-ci balbutièrent gauchement d'assez plates excuses; me chargèrent des fautes que je n'avais commises qu'à mon corps défendant; lui montrèrent un de leurs marmots, se frottant encore la fesse où j'avais mordu, et essayèrent de lui persuader que la petite correction, que j'avais reçue, était indispensable pour le moment, et me serait profitable pour l'avenir. Mademoiselle Suson balançait entre mes larmes qui faisaient leur effet, et la confiance qu'elle avait toujours eue en ma nourrice, lorsqu'à mon tour suffoquant de colère, je lui racontai, en sanglotant, et au risque de ce qui pourrait m'en arriver, les faits tels qu'ils s'étaient passés depuis que j'avais l'âge de connaissance.

Quand elle sut que j'étais nu toute la semaine, fouaillé tous les jours, que je ne buvais pas mon vin, que je ne mangeais pas mes biscuits, mademoiselle Suson ne mit plus de bornes à sa fureur. Telle une lionne, dont le lionceau a reçu dans le flanc le trait mortel du chasseur inhumain, rugit et fait retentir les rochers d'alentour; telle Suson, criant à tue-tête, faisait trembler les carreaux de papier huilé, à travers lesquels le jour pénétrait dans la maison.

Le nourricier et sa femme grillaient de me donner un démenti; mais le vin était avalé, les biscuits grignotés, et il n'était pas probable qu'en aussi peu de temps j'eusse fait un aussi copieux déjeuner.

Voilà votre mois, dit enfin mademoiselle Suson, en jetant avec dignité un écu de six livres sur une table boiteuse et vermoulue. Qu'on fasse le paquet de ce pauvre enfant, je l'emmène avec moi. Nouvel embarras pour la femme et le mari. Ma nourrice, très-propre pour une femme de Sangatte, s'était fait des fichus de mes fourreaux, un jupon piqué de mes langes, et des chauffoirs de mes couches. Il fallut avouer que ma garde-robe se bornait à mon accoutrement du dimanche, qu'on me remît sur le corps, et mademoiselle Suson me prenant par la main, sortit en menaçant ma nourrice de la vengeance de monsieur Bridault, qui venait d'être nommé marguillier de la paroisse, et à qui cette place éminente donnait une autorité sans bornes, dans toute l'étendue du Calaisis.

Me voilà donc sur le chemin de Calais, regardant tout, admirant tout, ne pensant déjà plus ni à ma nourrice, ni à son mari, ni à son fouet, et faisant des châteaux en Espagne, comme en font les enfans de cet age, et parfois des enfans bien plus vieux.

Nous arrivons à la ville, que je trouvrai immense, magnifique, et prodigieusement peuplée, parce qu'elle est un peu plus grande, un peu mieux bâtie, et qu'elle contient un peu plus d'habitans que Sangatte, le seul endroit de l'univers auquel on puisse la comparer sans désavantage.

La maison de monsieur Bridault me parut un palais. Je mis mes souliers dans ma poche en entrant dans sa salle à manger, et je me collai contre la porte, mon petit bonnet à la main, pendant que mademoiselle Susou racontait avec véhémence les mauvais traitemens que j'avais essuyés, et le parti ferme et vigoureux qu'elle avait pris en conséquence. Monsieur Bridault qui était toujours de l'avis de mademoiselle Suson, approuva sa conduite, et l'envoya avertir, de mon arrivée, le révérend père Jean-François, qui parut un moment après, haletant et tout en eau. Il s'assit, pour se mettre à ma hauteur, et me regarder à son aise; me tourna, me retourna entre ses jambes me pressa affectueusement contre son gros ventre; me barbouilla le visage des larmes paternelles qui roulaient de ses yeux sur sa barbe huileuse; après quoi, on m'envoya à la cuisine, et monsieur Bridault, le père Jean-François et mademoiselle Suson, assemblés en comité général et secret, délibérèrent sur mon sort.

CHAPITRE IV.

Mon entrée aux Capucins, ce que j'y fais, ce qui s'y passe.

Il fut décidé par le *trium-fœmina-virat*, qu'un enfant de six ans peut se passer de sa nourrice, et qu'ainsi je ne retournerais pas chez la mienne. Il fut reconnu qu'un enfant de six ans, lorsqu'il est bien constitué, est en état de tourner la broche, et d'apprendre à servir la messe, et qu'ainsi je serais alternativement de service à la cuisine de monsieur Bridault, et à l'église des Capucins. On présuma qu'un enfant de six ans peut commencer à lire, à ses momens perdus, et qu'ainsi je serais remis ès mains de monsieur Gondré, maître écrivain-juré, qui avait fait l'éducation de monsieur Bridault, et de bien d'autres savans, et qui écrivait encore assez lisiblement, quoique la main lui tremblât un peu, et que ses doigts rongés d'engelures, fussent enfermés chacun dans un petit sac de peau. Il fut arrêté, en outre, que des mains de monsieur Gondré, je passerais en celles des pères Minimes, qui tiennent à Calais un collége fameux, dont les écoliers de seconde sont en état d'entrer en quatrième chez les Oratoriens de Boulogne, dont les écoliers de quatrième sont quelquefois reçus en sixième dans les colléges de l'université de Paris; qu'au reste, j'en saurais toujours assez pour être moine.

Mademoiselle Suson me présenta donc à monsieur Gondré, qui, par considération pour monsieur Bridault, se mit en quatre pour m'apprendre ma croix de par Dieu, et qui suait sang et eau pour me faire tenir proprement ma plume, que j'empoignais comme un manche à balai. Mademoiselle Suson, de son côté, me répétait sans cesse les réponses de la messe, dont je ne retenais pas un mot, parce que je n'y trouvais rien d'amusant; mais, en revanche, je savais à la lettre les histoires de sorciers et de revenans qu'elle me contait pour m'endormir, et je retenais, par-ci, par-là, quelques couplets des cantiques qu'on me cornait toute la journée aux oreilles, et dont quelquefois je régalais monsieur Bridault au dessert, lorsqu'il était de bonne humeur et moi aussi.

Cependant j'avais vécu à Sangatte indépendant, libre de toute espèce de contrainte, maître absolu de mon temps et assez satisfait de mon sort, aux étrivières près. Le nouveau genre de vie que je menais me paraissait très-gênant et très-extraordinaire. Je ne concevais pas pourquoi il fallait me taire chez monsieur Gondré, lorsque j'avais envie de parler; pourquoi, lorsque je voulais courir, il fallait rester assis, le nez collé sur un livre où je ne connaissais rien, et auquel je ne concevais pas qu'il fût utile de connaître quelque chose. Je ne concevais pas davantage pourquoi mademoiselle Suson se tuait pour me fourrer dans la tête des mots barbares, qu'elle n'entendait pas ni moi non plus, et dont l'intelligence ne me semblait pas aussi nécessaire qu'elle voulait me le persuader. Mais je concevais à merveille l'utilité d'un tourne-broche, et je tournais assez exactement, pour peu qu'on me permît de tremper mon pain dans la lèchefrite.

Après deux ou trois ans de peines et de soins, je me trouvai en état de servir assez joliment une messe ; mais je ne savais pas lire du tout, et je me promettais bien de n'en jamais savoir davantage. Monsieur Bridault observait quelquefois au père Jean-François, que je ne paraissais pas précoce. Celui-ci le rassurait, en lui disant qu'il s'était développé très-tard, et mademoiselle Suson ne manquait jamais d'ajouter que monsieur Gondré était très-content de mon assiduité et de mes efforts, quoiqu'il n'eût pas dit le moindre mot de tout cela. Au surplus, on convenait que j'avais une figure heureuse, un air ouvert et décidé, des manières caressantes, et une grande docilité.

Je grandissais à vue d'œil. J'étais vigoureux pour mon âge, et mademoiselle Suson ne me conduisait plus chez monsieur Gondré. J'allais et je revenais seul, ce qui me plaisait infiniment, parce que je prenais le chemin le plus long, que je faisais ma petite partie en allant à l'école, et que, quelquefois, je n'y allais pas du tout.

Oh! si nous réfléchissions combien est étroit l'intervalle qui sépare le vice de la vertu; si l'on pensait combien il est difficile de rétrograder, quand on a fait le premier pas dans la voie de la perdition; si l'on était bien persuadé que, des premières actions de notre vie, dépend souvent le sort de notre vie entière, avec quel soin on veillerait sur soi-même; avec quelle ardeur on réprimerait ses penchans, avec quel discernement on choisirait ses amis! Une liaison dangereuse suffit seule pour corrompre un cœur, dans lequel germe déjà la semence de la sagesse. Ainsi me parlait monsieur Bridault, quand il savait que j'avais fait l'école buissonnière.

En effet, je n'avais pas choisi mes amis parmi les enfans les mieux élevés de la ville. Je m'étais lié avec sept à huit polissons, paresseux, joueurs et gourmands comme moi, et en moins de six mois, je me fis une réputation étonnante. Je cachais les lunettes de monsieur Gondré, je lui escamotais sa férule, je volais des petits pâtés à monsieur Darquerre, et quand je servais la messe du père Jean-François, je sonnais à l'évangile, je changeais le missel de côté à l'élévation, je buvais le vin de la burette, et je la remplissais d'eau, je mettais les cierges dans ma poche, et j'allais les vendre pour jouer à la fossette. Tous ces crimes demeurèrent quelque temps inconnus à monsieur Bridault, par la sollicitude vraiment paternelle du père Jean-François et de mademoiselle Suson, qui tremblaient de me voir encourir sa disgrâce. Mais, à la fin, j'osai m'attaquer à monsieur Bridault lui-même. Je mangeai ses confitures, je brouillai son café, je déchirai une Vie des Saints, je cassai la patte à son chat, je mis le feu à ses draps, en bassinant son lit, et pendant qu'il faisait sa méridienne, je l'accrochai par sa perruque au dossier de son fauteuil. Tant de forfaits ne pouvaient rester impunis, et monsieur Bridault se détermina à prendre un parti violent. Les prières du père Jean-François et de mademoiselle Suson l'apaisèrent à la fin. On me traîna à ses genoux, on lui fit croire que je lui avais demandé pardon; monsieur Bridault me pardonna avec sa bonté ordinaire, ne pensa plus à rien, et je méditai de nouvelles fredaines.

Le soir, je tendais, dans la rue, une corde à deux pouces du pavé, et j'avais le plaisir de voir culbuter les passans; je frappais à toutes les portes, et je fus pris sur le fait par monsieur Joutel, confrère de monsieur Bridault, et du Saint-Sacrement, qui me tira les oreilles jusque sur les épaules; en réparation de quoi, je jugeai à propos de casser toutes ses vitres avec des cailloux, que je portais dans mes poches en cas d'événement.

Sur la plainte de monsieur Joutel, monsieur Bridault, le père Jean-François et mademoiselle Suson, s'assemblèrent extraordinairement.

Le patron, qui était excédé de mes sottises, ouvrit la séance par un discours pathétique, qu'il conclut en déclarant qu'il m'allait mettre à l'hôpital. Le cœur maternel de mademoiselle Suson se souleva au seul nom d'hôpital, et le père Jean-François représenta, avec douceur, à monsieur Bridault, que la société que j'y fréquenterais lui paraissait peu propre à m'éclairer l'esprit, et à me former le cœur; qu'à la vérité il ne pouvait pas garder plus long-temps chez lui un diable incarné, qui se moquait de tout; mais que Dieu voulait la conversion, et non la mort du pécheur, et qu'il le priait d'observer que saint Augustin s'était enfoncé bien plus avant que moi dans la sentine du vice, et qu'il n'était pas impossible, qu'ainsi que ce flambeau de l'Église, je revinsse un jour à résipiscence; qu'il ne fallait pas m'en ôter les moyens, en m'enfermant parmi des imbécilles et des fripons; qu'il était plus prudent et plus court de prier le père gardien de me recevoir dans la communauté, où je n'aurais sous les yeux que de bons exemples, où je n'entendrais que des discours pieux, et où je n'aurais plus de commerce avec les camarades qui m'avaient perverti.

Monsieur Bridault, qui n'avait rien à refuser au père Jean-François, ni à mademoiselle Suson, adressa un petit mot au père gardien, accompagna sa requête d'un gigot de mouton et d'un panier de vingt-cinq bouteilles de vin vieux, et trois jours après, au moment où on s'allait mettre à table, je vis entrer le frère Joseph, portant une besace, assez bien garnie, qu'il déposa sur le parquet. Il en sortit une veste, une culotte et une paire de bas, qu'il m'avait taillés dans une vieille robe du père Jean-François. Il me saisit, sans dire un mot, me déshabille en un tour de main, m'affuble de son grotesque et dégoûtant costume, et tirant enfin, du fond de sa besace, une calotte de la même étoffe : Qu'on lui coupe les cheveux, cria-t-il d'une voix de tonnerre, qui me fit trembler de la tête aux pieds. Mademoiselle Suson s'avança lentement, l'œil humide, une main sur la chaîne de ses ciseaux, et l'autre étendue vers monsieur Bridault, comme pour implorer sa pitié. A la vue des ciseaux, je jetai un cri perçant. Le frère Joseph tira, de dessous son manteau, un nerf de bœuf, dont il m'appliqua, sur les épaules, cinq à six coups, qui me calmèrent à l'instant, et monsieur Bridault fit signe de commencer l'opération. Qu'on se figure les plus beaux cheveux du monde tombant, par boucles, sur des épaules blanches comme l'albâtre; une mère condamnée à dépouiller son fils d'un ornement, qui faisait valoir la figure la plus piquante ; monsieur Bridault, assis dans son grand fauteuil, son bonnet de velours noir enfoncé jusque sur les oreilles, affectant une insensibilité qu'il n'avait pas, et la figure sale, froide et bête du frère Joseph, et on aura une idée du tableau.

A genoux devant mademoiselle Suson, la tête penchée sur son giron, je sentais le fatal ciseau s'approcher de ma chevelure, et s'en éloigner aussitôt. Sa main tremblante semblait se refuser au cruel ministère qu'on en exigeait... Enfin une boucle tombe, et le ciseau tombe avec elle. Les larmes de Suson inondent mon visage, je me sens pressé dans ses bras, et comblé des plus tendres caresses. Hélas ! ce sont les dernières que j'ai reçues de cette bonne mère, et maintenant que le silence des passions me permet de jeter un coup-d'œil sur le passé, je ne puis me rappeler son amour, ses soins, son dévouement absolu, sans donner des larmes à sa mémoire.

Le frère Joseph impatient, et toujours maître de lui, ramasse les ciseaux, et bientôt il ne me reste plus un cheveu sur la tête. Il me la couvre de sa maudite calotte, et, me prenant par le bras, il me conduit à son couvent, après m'avoir fait traverser les principales rues de Calais, et m'avoir inhumainement exposé aux huées de mes camarades, et de tous ceux qui avaient souffert de mes espiègleries. L'impitoyable frère me fait traverser le cloître, me traîne à une cellule écartée, ouvre une porte épaisse et noire, qui roulait avec peine sur des gonds que la rouille avait à demi rongés, et la referme sur moi avec un bruit épouvantable.

A peine me trouvai-je seul que je comparai la vie douce et commode dont je jouissais chez M. Bridault, au sort affreux qui me semblait réservé. Je me reprochai amèrement mes fautes. Le repentir, la crainte, l'espérance m'agitaient tour à tour. Un accablement profond succéda à ces différens mouvemens; une douleur sourde et concentrée s'empara de tout mon être; je me sentais défaillir, et c'en était fait de l'Enfant du Carnaval, si une source abondante de larmes n'eût enfin soulagé mon cœur, qui était prêt à se briser.

A dix ans on se console de tout, on se fait à tout, et après m'être essuyé les yeux, avoir fait sept à huit fois le tour de la cellule, m'être bien assuré de l'impossibilité de m'évader, je commençai gaîment un inventaire de mon mobilier. Une croisée étroite et bien barrée, à huit pieds de terre, trois planches de sapin, fixées à dix-huit pouces du sol, et qui paraissaient destinées à me tenir lieu de lit, d'énormes toiles d'araignées au plafond, quatre murs barbouillés de charbon, représentant, et multipliant, à mon œil fatigué, des têtes et des os de mort en sautoir, des larmes, et autres brimborions du même genre, qui indiquaient assez que l'appartement avait été habité, avant moi, par quelqu'un d'une imagination aussi riante que celle du docteur Young, que tout le monde veut avoir, que personne ne lit, et dont l'ouvrage n'a d'autre propriété que de tourner tout-à-fait un cerveau faible et déjà frappé; une table de pierre, une escabelle de bois, un prie-dieu, un rosaire, un pot d'eau et un pain bis, tel était l'ensemble de mes propriétés. J'avalai la moitié du pain par désœuvrement, je bus un coup là-dessus, je me couchai sur mes planches, et je m'endormis tranquillement, sans m'occuper du lendemain.

Le sommeil me rafraîchit le sang, et le jour commençait à éclairer de biais les murailles rembrunies de mon hôtel, lorsque je me réveillai. Je m'assis sur mon cul, mes deux jambes dans mes mains, mon menton appuyé sur mes genoux, et je me mis à penser à ma détention, et aux moyens de l'abréger. Je sentais bien que je ne pouvais rien espérer de l'inflexibilité du frère Joseph, et je résolus de le tromper. Geôlier exact et silencieux, il m'apportait le matin mon ordinaire de la journée, c'est-à-dire, un pain frais et de l'eau claire, m'examinait un moment, et sortait sans me dire un mot. Le troisième jour, il s'assit sur mon lit, me fixa, se leva, se rassit encore, et enfin me demanda ce que je pensais de la manière dont on traitait les petits libertins, qui n'ont ni foi, ni loi, qui manquent de respect à leurs bienfaiteurs, et qui cassent les vitres des confrères du Saint-Sacrement ? Je répondis d'un air de componction, que j'avais mérité d'être puni ; que je trouvais mon châtiment trop doux; que je m'y soumettais avec résignation, et que j'en attendais la fin, de mon repentir, de l'indulgence de monsieur Bridault, et surtout de la miséricorde du ciel. Le père Jean-François, qui probablement écoutait à la porte, entra en ce moment, et m'apprit que le père gardien, touché de ma soumission, lui avait permis d'adoucir mon sort. En conséquence, il me mena dans un réduit un peu moins triste que celui que j'habitais, et qui touchait à la cellule du frère Joseph; il m'y parla avec charité et onction, me consola, me rassura, et me conduisit au réfectoire, où monsieur Bridault était venu jeûner, à côté du gardien, et me regardait en dessous, en tournant et retournant une portion de lentilles, qui rentrèrent intactes dans la chaudière qui servait de casserole à la communauté.

Après le dîner, le frère Joseph, qu'on avait nommé en chapitre mon cerbère

où mon mentor, me fit descendre au jardin, où il me parla en ces termes : « Petit Jean-Farine, vous avez la lan-
» gue dorée ; mais vous ne m'en impo-
» serez pas : je ne juge point par des
» paroles, mais par des faits. Vous vous
» lèverez tous les jours à minuit, et vous
» sonnerez les matines ; vous y assiste-
» rez avec recueillement, et vous irez
» vous recoucher jusqu'à cinq heures
» que vous sonnerez l'*Angelus* et la
» première messe. Vous servirez cette
» messe, et toutes celles qu'il plaira à
» nos bons pères de célébrer jusqu'à
» huit heures ; à huit heures, vous dé-
» jeunerez selon vos mérites ; à neuf
» heures, vous sonnerez la grande-
» messe, et vous la chanterez du mieux
» que vous pourrez, jusqu'à ce que je
» vous aie appris à la chanter propre-
» ment. A onze heures, vous dînerez
» en communauté ; à midi, vous son-
» nerez une seconde fois l'*Angelus* qu'on

» ne peut trop sonner et qu'on ne sau-
» rait trop dire, après quoi vous ba-
» laierez le chœur, le sanctuaire, la nef,
» les chapelles latérales et le parvis. A
» une heure, vous prendrez l'Imitation
» de Jésus-Christ, ou le Guide du pé-
» cheur, et vous tâcherez d'apprendre
» à lire, ce que je ne me charge pas
» de vous enseigner, et pour cause. A
» trois heures, vous sonnerez les vê-
» pres, et vous les psalmodierez avec
» nous; à quatre heures, vous ferez un
» tour de jardin, en récitant dévotement
» votre chapelet; à cinq heures, vous
» souperez; à six heures, vous sonne-
» rez l'*Angelus* pour la troisième et der-
» nière fois; à six heures et demie, vous
» descendrez à la cuisine, où vous m'ai-
» derez à laver la vaisselle, et à mettre
» en ordre, dans le garde-manger, les
» provisions que la Providence nous
» aura envoyées, par le canal des bien-
» faiteurs de la maison; puis vous irez

» vous mettre au lit, où il vous sera per-
» mis de vous reposer, après vous être
» livré à ces pieux exercices. S'il vous
» arrive d'en négliger aucun, ou si
» vous approchez de cinquante pas
» de la porte du cloître, je me propose
» de vous distribuer sur les épaules nues
» cinquante coups de nerf de bœuf, dont
» je vous ai montré un échantillon dans
» la salle à manger de monsieur Bri-
» dault, et, en cas de récidive, on dou-
» blera la dose, et on vous remettra pour
» six semaines dans la sainte retraite
» dont le père Jean-François vous a ti-
» ré ce matin. » A ces mots, il me laissa,
et fut vaquer à ses affaires.

Je ne crois pas que Satan en personne ait jamais imaginé des moyens
plus sûrs pour damner un chrétien. Le
genre de vie auquel on me soumettait,
était un supplice intolérable, dont je ne
prévoyais pas la fin, et mille fois le jour
je me donnais à tous les diables. Au bout

d'un mois de ce régime infernal, ma patience s'aigrit considérablement : je négligeai la pratique des exercices pieux qui m'étaient prescrits, et le frère Joseph, esclave de sa parole, me remettait dans la voie du salut, à grands coups de nerf de bœuf. Je jurai de me venger d'une manière éclatante; et un soir qu'il me régalait, à son ordinaire, dans un coin de la cuisine, et qu'il me faisait sauter tantôt sur les fourneaux et tantôt sous la table, je me jetai sur une terrine pleine d'un potage brûlant, j'en coiffai sa révérence, et, pendant qu'elle se dépêtrait de la terrine, et qu'elle s'essuyait la figure et la barbe, en beuglant comme un veau, je grimpai jusqu'au grenier, et je me réfugiai sur le toit. J'y étais à peine, que le redoutable frère Joseph parut à la lucarne, une broche à la main, et se mit en devoir de me poursuivre. Je tins ferme, et je me défendis courageusement, avec des

tuiles que j'arrachais de la couverture.
Ma contenance décidée en imposa un
moment au frère; mais honteux d'être
tenu en échec par un enfant de mon
âge, il s'avança d'un air déterminé, en
parant, avec sa broche, les tuiles que j'envoyais siffler autour de ses oreilles. La
peur me saisit à mon tour. Je me sauve
de toit en toit, ayant toujours sur mes
talons l'opiniâtre frère et sa broche. Il
était prêt à me saisir, et j'étais sans
ressource, lorsque je m'avisai de me
laisser couler de la couverture par terre,
au hasard de me rompre le cou. Je
tombai à califourchon, sur un avant-toit
qui couvrait la cloche du réfectoire; je
la sonnai à volée. En un instant toute la
capucinière fut rassemblée au jardin, et
je déclarai au père Jean-François, à
haute et intelligible voix, que s'il ne
s'engageait, par l'ame de son patron, à
m'ôter des griffes de son enragé frère
Joseph, qui était resté au haut du toit,

la bouche béante et la broche à la main, j'allais me casser la tête sur le pavé. On me promit ce que je voulus, on m'aida à descendre; et le père Jean-François voyant que la rigueur n'était bonne qu'à me mettre le diable au corps, essaya les voies de la douceur, qui lui auraient peut-être réussi, si la soif de la vengeance, qui ne me quittait plus, n'avait occasioné un petit événement qui me fit sortir de la maison pour n'y rentrer de ma vie.

Le frère Joseph était un vigoureux compère, qui gueusait avec grâce, qui était connu de la ville et des faubourgs, qui était bien reçu des maris, mieux traité de leurs femmes, et qui apportait au couvent jusqu'au bois d'une maison, quand il ne pouvait plus y trouver autre chose. J'avais quelquefois remarqué, dans le bas de son prie-dieu, des bouteilles de liqueur, et quelques petits écus qu'on ne lui avait pas donnés pour lui, et dont il s'était adjugé la propriété. J'avais remarqué, en outre, une certaine Marie-Jacques, revendeuse de poisson, âgée d'environ quarante ans, la peau tannée, le sourcil épais, l'œil bordé d'écarlate, le nez épaté et barbouillé de tabac, des tetons à mettre dans ses poches, des fesses comme des timbales, et des jambes comme des poteaux; Marie-Jacques enfin, qui était construite de manière à faire reculer le grenadier le plus intrépide de la garnison, pouvait être un morceau très-sortable pour un frère capucin. Comme je ne sortais pas de la maison, je ne perdais rien de ce qui s'y passait. J'avais plusieurs fois aperçu Marie-Jacques, rôdant autour des cloîtres à la nuit tombante, le frère Joseph allant à sa rencontre, lui parlant avec action, ne se dérangeant ni pour moi, ni pour personne, et personne, hors moi, ne soupçonnant Marie-Jacques, qui, n'ayant pas figure humaine, ne devait pas inspirer de soupçons. Un certain soir, que je rêvais aux moyens de pouvoir faire, au père Gardien, une dénonciation établie sur des preuves palpables, il me sembla entendre quelque bruit dans le corridor. J'entr'ouvris doucement ma porte, et je crus entrevoir, dans l'obscurité, quelque chose qui se glissait dans la cellule du frère Joseph, qui se renferma aussitôt. Je m'approchai sur la pointe du pied, j'écoutai attentivement et je demeurai convaincu. Je descends, je ferme la porte du cloître, celle du jardin, je prends la crécelle du jeudi-saint, je galope de dortoir en dortoir, en jouant de ma crécelle, et en criant de toutes mes forces : Marie-Jacques est couchée avec le frère Joseph. Celui-ci ne perd pas la tête, il passe Marie-Jacques dans sa robe, lui enfonce son capuchon sur les yeux, lui tourne le nez à la muraille, fait un paquet de sa chemise et de ses jupons, le prend sous son bras, enfile le corridor, me trouve en son chemin, me jette à dix pas, d'un coup de poing sur l'oreille; descend l'escalier, trouve les portes fermées, se jette dans la cave, et se cache derrière un cuvier, qui servait à laver le linge d'église, et qu'on avait dressé contre le mur. Le père Gardien, le père Vicaire, et tous les pères possibles, sortent à la fois de leurs cellules, croient le feu à la maison, et ce n'est qu'avec des peines infinies que je parviens à me faire écouter, et à raconter ce que j'ai vu et entendu. Le père Gardien allume sa lanterne sourde, entre chez le frère Joseph, et le voit couché sur son grabat. Elle s'est enfuie toute nue, répétais-je au père Gardien. Elle a passé près de moi, à telles enseignes qu'elle m'a renversé d'un soufflet. J'ai fermé toutes les portes, et elle ne peut être que dans la cave.

Le père Gardien et le père Vicaire y descendent, regardent, furètent partout; et au moment où ils s'approchent du cuvier, le frère Joseph le renverse sur eux, les charge d'un demi-cent de fagots, remonte armé d'un gourdin, frappe à droite et à gauche, nous disperse tous, rentre dans son taudis, fait lever Marie-Jacques, lui ôte sa souquenille, l'attache sous les aisselles avec son cordon, la descend dans le jardin, jette son paquet après elle, lui souhaite le bon soir, et lui dit de se sauver par-dessus les murs, en s'accrochant aux espaliers. Un vieux chien-courant, commensal de la maison, flaire Marie-Jacques de cent pas, et fait entendre sa voix rauque, en la chassant sur trois pattes. Elle s'échappe à travers un carré de choux, trébuche, culbute, se relève, recommence à courir. Le chien la poursuit sans relâche, en aboyant plus fort, et il allait la happer par la fesse, lorsqu'elle fait un dernier effort, saute à un abricotier, et parvient à enfourcher la muraille. Le factionnaire de l'hôpital, qui se trouve en face, écoute, regarde, ne sait que penser de la masse informe qu'il aperçoit, crie qui vive d'une voix mal assurée, et Marie-Jacques, pour toute réponse, lui saute sur les épaules, le renverse et se tapit dans sa guérite; le soldat croit que le diable lui est tombé sur le dos; il se relève et s'enfuit au corps-de-garde. Une patrouille arrivait par l'autre bout de la rue; elle entend ce tintamare; elle avance au pas de charge, et la baïonnette en avant; Marie-Jacques se remet à courir, rencontre une seconde patrouille, enfile une autre rue, et va se jeter au milieu d'une troupe de bourgeois, qui sortaient d'une noce, et qui avaient la tête échauffée, la vue trouble, et qui, à l'aspect de ce monstre femelle, que sa nudité rendait plus affreux, s'imaginent avoir un revenant à leurs trousses, et se dispersent dans les rues de Calais, en criant à la garde. Marie-Jacques court toujours, effraie tout ce qui se rencontre sur son passage, et, à force de courir, elle se trouve vis-à-vis de l'égout, dont la grille était ouverte, et dans lequel elle s'enfonce jusqu'à la ceinture, tenant son paquet sur sa tête. En un moment tous les postes sont sur pied, les patrouilles se multiplient ; les habitans qui étaient couchés se mettent à leurs croisées, ceux qui étaient dans les rues cherchent à se réfugier chez eux, tout le monde crie à la fois, et personne ne s'entend. Le porte-clef de la ville s'éveille en sursaut, et croit que les Anglais sont maîtres de la place. Il court, en chemise, au premier corps-de-garde, fait battre la générale, et va éveiller monsieur le Commandant. La garnison sort de ses casernes, le sac au dos, et vient se ranger en bataille sur la place. Monsieur le Commandant arrive, l'épée à la main, se met à la tête d'un régiment suisse, parcourt toute la ville, ne rencontre pas d'ennemis, et envoie le porte-clef au cachot. Le calme renaît, et on parvient enfin à s'entendre. Monsieur le Commandant apprend que la ville a été mise en combustion par un diable qui sortait de chez les Capucins; il marche droit au couvent, et se fait ouvrir les portes. Il trouve cinq à six pères retranchés dans leurs cellules, bassinant, avec de l'eau vulnéraire, les contusions que le gourdin du frère Joseph leur avait faites, et transis de peur des hurlemens qu'ils entendaient, et qui partaient ils ne savaient d'où. Le Commandant fait allumer des flambeaux, visite toute la maison; et à peine a-t-il le pied dans la cave, que ces hurlemens extraordinaires redoublent avec fureur, et semblent sortir de dessous un tas de fagots. On dérange les fagots, et on découvre un cuvier; on lève le cuvier et on aperçoit le père Gardien et le père Vicaire, à demi suffoqués, et ne concevant rien à tout ce qui s'était passé. Comme j'étais l'unique cause de tout ce tintamare, et que je n'avais pu convaincre le frère Joseph, j'étais sans espoir dans la miséricorde des hommes, et je pris sur-le-champ mon parti. Je me coulai à travers les soldats qui emplissaient la maison, je gagnai la rue, et je me glissai dans la cour de monsieur Dessein, qui est ouverte jour et nuit, depuis le premier janvier jusqu'au trente-un décembre.

CHAPITRE V.

Nouvelle manière de voyager à peu de frais.

Mon premier soin, en entrant chez monsieur Dessein, fut de me soustraire aux recherches, et à la vengeance des révérends pères Capucins, que je croyais très-occupés de mon individu, et qui ne s'occupaient que du tort irréparable qu'une scène aussi extraordinaire pouvait faire à la maison. Je ne connaissais pas celle où je m'étais réfugié. Je voyais des lumières à toutes les croisées, et je jugeai qu'il n'était pas prudent de m'avancer davantage. Je regardai autour de moi; j'aperçus une grande, belle et bonne berline, j'y entrai provisoirement, et je tins conseil avec moi-même, non sur le passé, dont je ne m'inquiétais guère, mais sur l'avenir, qui ne se présentait pas à mes yeux sous un aspect bien riant. Ma méditation était souvent interrompue par les gens de monsieur Dessein qui entraient, sortaient, chantaient, juraient, s'appelaient, se répondaient; et mon imagination frappée croyait, à chaque instant, distinguer la voix effrayante de l'inexorable frère Joseph. La girouette que le vent agitait, une feuille qui voltigeait en rasant le sol, le mouvement que je communiquais moi-même à la voiture, tout me faisait tressaillir, et je me roulais, comme une pelote, dans le fond de la berline. Je me relevais avec précaution, je me rassurais un peu, j'essayais de penser à l'état de mes affaires : ce maudit frère Joseph brouillait toutes mes idées, et son nom terminait toutes mes phrases.

Cependant ces sensations pénibles se dissipaient insensiblement, lorsque le jour, qui commençait à poindre, m'inspira des craintes nouvelles, plus pressantes et mieux fondées. J'allais être infailliblement découvert, reconnu et livré au frère Joseph. Si je me hasardais à sortir, le premier bourgeois de Calais, dont je serais rencontré, ne manquerait pas de m'arrêter et de se faire un malin plaisir de me réintégrer ès mains du frère Joseph. Ce damné frère Joseph me poursuivait, me tourmentait, m'obsédait sans relâche ; je ne pensais, je n'entendais, je ne voyais que lui. Pendant que j'étais dans ces angoisses, j'entends distinctement ouvrir une porte ; on s'avance dans la cour, et on marche droit à ma voiture. Je rassemble toutes mes forces, et, par un mouvement aussi prompt que la pensée, je dérange le coussin du fond, je lève le dessus du coffre, et je me blotis dedans. On ouvre la portière, on monte dans la berline, on tourne, on retourne, on arrange, on descend, on remonte, on redescend encore. Un tremblement universel m'avait saisi, mon cœur battait avec violence, une sueur froide coulait de toutes les parties de mon corps. Je retiens mon haleine, je prête une oreille attentive, et je crois reconnaître les pas des chevaux et le bruit sourd des bottes fortes, qui font résonner le pavé. Deux êtres quelconques se placent directement sur moi, la portière se referme, la voiture part avec la rapidité de l'éclair, et voilà l'Enfant du Carnaval qui court la poste sans savoir comment, qui est effrayé sans savoir par qui, et qui va sans savoir où.

J'étais ployé en quatre; il m'était impossible de changer de position; des crampes horribles m'arrachaient, quelquefois, des cris que le bruit des roues étouffait; mais je m'éloignais du couvent des capucins, et c'en était assez pour moi. Ma tête portait sur une de ces clefs de fer qui servent à démonter les roues, et, à chaque cahot, elle faisait un soubresaut, qui était suivi d'un coup violent. Comme les chemins des environs de Calais sont parfaitement entretenus, les cahots se succédèrent bientôt sans interruption, et ma tête n'avait plus qu'un mouvement périodique, qui ressemblait assez à celui du marteau d'une horloge. L'air s'épaississait insensiblement dans mon trou; au bout d'un quart d'heure il en restait si peu, que je ne respirais plus qu'avec des peines incroyables. Je pouvais calculer combien il s'écoulerait encore de minutes jusqu'à mon entière suffocation; mais je m'éloignais du couvent des capucins, je me serais laissé écorcher vif plutôt que d'y retourner, et je me résignai.

Une secousse terrible, qui manqua de renverser la voiture, dérangea un peu l'ensemble de mon corps; et ma main gauche, qui était passée sous ma cuisse droite, rencontra une extrémité de la très-dure et malfaisante clef, dont je voulus au moins me dépétrer la tête. Je reconnus que l'autre extrémité était arrêtée dans une fente, qui se prolongeait entre deux planches sur toute la largeur de la voiture. Je tirai; la clef résista. Je tirai plus fort; elle s'engagea davantage. Je me désolai, je me dépitai, j'allais abandonner la clef et livrer ma tête et tout mon corps au caprice de la fortune, lorsque je m'aperçus que cette clef, dirigée d'un certain côté, faisait l'effet d'un levier, et qu'elle soulevait une des planches. Cette découverte ranima l'espoir qui s'éteignait au fond de mon cœur, et multiplia mes forces. Je redoublai d'efforts; j'en fis d'étonnans pour mon âge; je sentais avec un plaisir indicible la planche qui se détachait à chaque secousse; je parvins à la saisir avec ma main droite, et je la retournai entièrement, mon estomac collé au couvercle du coffre, et mon corps soutenu par ma tête et mes genoux, fortement appuyés contre les panneaux de droite et de gauche. Je commençai à avoir de l'air : c'était beaucoup sans doute, mais cela ne suffisait point; ma position était intolérable. Je me reposai un moment, je repris un peu mes sens, et je me remis au travail avec une nouvelle ardeur. Je poussais, je retirais la planche, je l'agitais en tous les sens. Un des bouts sortit enfin du coffre; je le jetai sur la grande route, j'envoyai la clef après elle, je passai mes jambes dans l'ouverture, et je me trouvai commodément assis, respirant à discrétion, dispensé de la crampe, et décidé à rouler tant que cela conviendrait au propriétaire de la voiture.

Celui-là est malheureusement né, qui, dès le berceau, est environné d'êtres qui s'intéressent à lui, qui ne s'occupent que de lui, qui se ploient à ses goûts, qui préviennent ses désirs, et qui s'estiment heureux de pouvoir les satisfaire : il devient nécessairement dur, arrogant et ingrat. L'homme isolé, sans asile, sans ressources, se pénètre du sentiment de sa faiblesse et de sa dépendance, du besoin qu'il a de ses semblables, et de la nécessité de leur être utile pour en obtenir des secours. Les vérités les plus simples sont ordinairement le fruit d'une longue expérience ; mon état présent m'éclaira, en un instant, sur mes torts passés et sur ma conduite à venir. J'avais été impertinent et froid avec mes premiers bienfaiteurs ; je m'étais accoutumé à considérer leur affection et leurs soins comme une dette qu'ils avaient contractée envers moi, et je ne pensais pas à m'acquitter envers eux. Je ne tenais plus à personne, personne ne s'intéressait à moi : qu'allais-je faire ?

qu'allais-je devenir? que ne devrais-je pas à l'ame bienfaisante qui serait touchée de ma misère, et qui daignerait l'adoucir? Par quelle reconnaissance, quel attachement, quel zèle ne paierais-je pas des bontés auxquelles je n'avais pas le droit de prétendre, et qui ne m'en seraient que plus chères? Je ne me disais pas tout cela si clairement ni si correctement; mais tel était le fond de mes idées.

Je n'étais séparé de mes compagnons de voyage que par un coussin de velours d'Utrecht, et une planche d'un demi-pouce; mais la fortune, la naissance, et peut-être la considération publique, avaient mis entre nous un intervalle qu'il me serait impossible de franchir. Cette pensée n'était pas consolante : cependant je grillais de voir ceux qui étaient au-dessus de ma tête. Je me proposais de lire, dans leurs yeux, les qualités de leur cœur, et d'implorer leur assistance, pour peu qu'ils fussent porteurs d'une de ces figures franches et ouvertes, qui plaisent au premier coup-d'œil, et qui inspirent la confiance. Je leur conterai mes aventures, disais-je en moi-même ; elles les amuseront. Mes regrets sincères les toucheront ; ma jeunesse, ma jolie petite mine, leur plairont, et ils me secourront. Mais non, reprenais-je l'instant d'après. La misère d'un inconnu n'inspire qu'une compassion froide et passagère; ceux qui logent au-dessus de moi, croiront faire assez en me donnant quelque monnaie, d'un air dédaigneux qui m'humiliera; puis ils me tourneront le dos, en me priant de vouloir bien continuer mon voyage à pied.

Pendant ce soliloque, la voiture s'arrêta pour la sixième ou septième fois, et je rentrai mes jambes, comme je n'avais pas manqué de le faire aux postes précédentes. La portière s'ouvre ; on descend de voiture. On demande, en assez mauvais français, si on trouvera de quoi dîner. Oui, Milord, et comme un prince, répond je ne sais qui, d'un ton mielleux et obligeant. Diable, fis-je, à part moi, je suis avec un Milord, et un Milord qui va dîner comme un prince ! j'ai assez mal soupé hier, je n'ai pas déjeuné aujourd'hui, et je ne dînerais pas ! cela serait dur. Mais pour dîner il faut de l'argent ; pour se procurer de l'argent il faut travailler, ou avoir travaillé, ou tenir, des économies de ses parens, le privilége de tout exiger des autres ; et de ne rien faire pour eux. Mais je ne connais ni mon père, ni ma mère ; je ne sais s'ils sont morts ou vivans, riches ou gueux ; je n'ai jamais travaillé, et je ne sais rien faire, et cependant il faut que je dîne, si je m'en rapporte à mon estomac. Voyons donc s'il me sera impossible de profiter du superflu de la table du Milord, comme j'ai profité du superflu de sa voiture.

Je lève avec ma tête le couvercle et le coussin; je regarde, et je vois tous les gens de l'auberge très-sérieusement occupés autour de cinq à six fourneaux, et remuant des casseroles, dont s'exhalait une odeur qui doublait mon appétit. Je descends, j'entre effrontément, et je demande d'un ton de laquais, c'est-à-dire d'un ton très-impudent et très-haut, à quel numéro on a logé Milord. Au numéro trois, me répond monsieur le chef sans tourner seulement la tête, de peur que sa sauce ne tournât. Je prends une serviette qui se trouve sous ma main; je la place sur mon bras, à peu près comme mademoiselle Suson la portait, derrière monsieur Bridault, aux jours de gala; je monte l'escalier en deux sauts, j'ouvre la porte du numéro trois, et je me plante derrière Milord, droit comme un pieux, et

ferme comme un roc. Une petite fille, à peu près de mon âge, était assise vis-à-vis de lui ; elle m'aperçoit, et part d'un éclat de rire. Milord se retourne, me regarde gravement, achève une tranche de *roast beef*, et me dit : « Pai-
» tit gâçon, mounte-moi le plum-pud-
» ding, et dis à madame le Taverne,
» d'apprêter a bowl of punch. » Je pars, je vole, et j'exécute les ordres de Milord. L'hôtesse me rit au nez à son tour, me charge d'un ragoût qui m'était inconnu, mais que je jugeai excellent ; et pendant que je remontais, elle disait à ses gens : « Il faut avouer que ces An-
» glais ont des fantaisies bien bizarres.
» A-t-on jamais accoutré un jockei de
» cette manière? » Milord goûte le *plum-pudding* ; y revient, y retourne encore ; et la petite Miss, qui ne mangeait plus, ne cessait de me regarder, et riait de tout son cœur. « Finissez,
» Miss, lui disait Milord, sans perdre

» un coup de dent. Vous rire comme
» un Française. Le rire excessif, il an-
» nonce le frivolité, une faible enten-
» dement, et c'est le marque sûr d'un
» cerveau vuide et évaporé. Un pen-
» seur, un philosophe, un Anglais, ne
» jamais rire; » et Miss n'en riait que
plus fort.

Je ne savais à quoi attribuer cet accès de gaîté; j'éprouvais un mouvement d'inquiétude et d'impatience, lorsqu'une glace me mit dans la confidence. C'étaient ma tête tondue, ma chienne de calotte, et mon accoutrement original, qui faisaient rire à mes dépens, et dont je finis par rire moi-même. Milord, qui ne riait jamais, et qui était avare de ses paroles, me fit signe de desservir; et pendant que je descendais, il disait à sa fille : « Cette madame le Taverne
» n'avoir pas the common sense. Dé-
» grader ce paitit gâçon, en habillant
» lui comme un moine! c'est ridicu-

» lous. Voilà votre punch, me dit l'hô-
» tesse quand j'entrai dans la cuisine.
» Vous dînez sans doute, mon petit
» ami? Et copieusement, Madame, lui
» répondis-je. Servez votre maître, re-
» prit-elle, et je vous traiterai en ami. »
Je ne me le fais pas dire deux fois : je
mets le *bowl* devant Milord, et je vais
m'asseoir à table d'hôte. Je bois et je
mange comme quelqu'un qui ne sait
pas s'il trouvera à souper ; et pendant
que l'hôtesse a les talons tournés, je
saute dans la voiture, et je rentre dans
mon coffre. J'ignorais sur quelle route
j'étais, dans quelle ville je me trouvais,
si Milord en partirait après avoir vidé
son *bowl*, s'il y passerait la journée, le
lendemain ; mais j'avais dîné, j'étais
bien aise d'éviter les explications. J'a-
vais passé une très-mauvaise nuit, j'a-
vais besoin de repos, et je m'endormis.

Lorsque je me réveillai, le soleil était
allé éclairer les antipodes, ou nous

avions fait un demi-tour sur nous-mêmes, selon que le lecteur sera cartésien, ou ticho-brahéien. La voiture allait grand train, malgré la loi de la gravitation, et je me sentais frais, gaillard et dispos. Je m'aperçus que nos idées dépendent en effet de notre digestion ; et mon imagination du soir était couleur de rose, comparée à mon imagination du matin. Les frayeurs qui m'avaient offusqué le cerveau, étaient évanouies ; Milord me paraissait un assez bon diable, à quelques singularités près, et je résolus de pousser l'aventure à sa fin.

On arrête à la porte d'une ville ; le postillon appelle le portier, tempête, jure, fait claquer son fouet de manière à réveiller un sourd, et le portier n'arrivait pas. « *Goddam*, dit enfin Milord, » cette portier d'Amiens, il me joue » toujours cette tour. » Diable ! dis-je en moi-même, me voici à Amiens, dont les habitans se laissent prendre avec des noix, et doivent être faits comme des écureuils, à ce qu'assure monsieur Bridault : nous allons voir cela. Le portier ouvre enfin. « Voilà un guinée, » mon hami, lui dit Milord d'un ton » tragi-comique; mais happrenez qu'on » ne fait pas attendre un gentilhomme » anglais. » Le portier se confond en excuses, en complimens; il ne prévoyait pas qu'il dût passer un Anglais; il ne se serait pas couché s'il eût attendu un Anglais, etc., etc., etc.; et pendant que ce bavard se remet au lit, nous arrivons à l'auberge. Je sors lestement par mon trou, j'ouvre la portière, je présente la main à Milord, qui me fixe à la lumière de plusieurs flambeaux; et dit : Ah! ah! Oh! oh! continua sa fille. Hi! hi! firent les gens de la maison. Je ne me déconcerte point; je prends le sac de nuit d'une main, un flambeau de l'autre, et je marche en

avant, en criant : « Place, place à Mi-
» lord ; le plus bel appartement à Mi-
» lord ; un excellent souper à Milord,
» et qu'on serve à la minute; Milord
» n'est pas fait pour attendre comme
» un Français. » Ah! ah! répétait Milord, en me suivant. Le drôle de petit
corps ! reprenait sa fille en riant; et la
valetaille de l'hôtel fermait la marche
en riant, plus haut qu'elle, de ma tournure séraphique. Milord s'arrête au
milieu des degrés, se tourne vers eux,
et leur dit gravement : « Pourquoi vous
» mocquez ce paitit gâçon? qu'importe
» qu'un habit il soit fait d'un façon ou
» d'un autre? c'ette le homme qu'il
» faut voir, et non son couverture.
» L'entourage il n'est quelque chose,
» que quand l'individu il n'est rien.
» Qu'on me cherche un fripier-tailleur,
» et qu'on se taise. » Ah! ah! dis-je
tout bas à mon tour, voilà qui s'annonce bien.

Nous entrons dans une chambre assez propre. Je demande à Milord s'il veut se mettre à son aise, et, sans attendre sa réponse, je tire du sac de nuit son bonnet de coton blanc, son manteau de lit d'indienne piquée, ses pantoufles de maroquin vert, et sa boîte à tabac. J'enlève sa perruque noire coupée, je le débarrasse de son habit marron, de sa veste écarlate galonnée en or, et je l'affuble de son accoutrement du soir; je lui présente un fauteuil, dans lequel il s'enfonce, sans me dire autre chose que son ah! ah! qu'il répète à chaque tour que je fais dans la chambre, en me regardant d'un air admiratif. Il me présente ses pieds qu'il ne pouvait déchausser lui-même, parce que son ventre décrivait une demi-courbe, qui commençait à la clavicule, et qui se terminait sur ses genoux. Je relève délicatement deux ou

trois pelotes de graisse qui retombaient agréablement sur sa boucle, et ses pieds passent de ses souliers dans ses pantoufles. « C'est fort bien, me
» dit enfin Milord. Apprenez-moi
» maintenant pourquoi je trouve vous
» pâtout, et quel diable vous porte d'un
» endroit à un autre ! » C'est où je l'attendais : je lui contai mon histoire, et je n'en oubliai pas une circonstance. Milord s'était expliqué sur le rire et les rieurs, et, de temps en temps, il se mordait les lèvres pour ne rien perdre de son grand sérieux; mais ses efforts furent vains, et la nature l'emporta sur la morgue. Les muscles de son visage commencèrent à jouer, son ventre sautait de son menton sur ses cuisses et de ses cuisses à son menton; ses deux mains appuyées sur les bras de son fauteuil soutenaient à peine son corps qu'agitaient des mouvemens convulsifs,

une toux violente le saisit, il devint violet en un instant; et sa fille, en riant de plus belle, se hâta de lui ôter sa cravatte, pendant que je lui frappais sur le dos.

Le ventre de Milord reprenait son assiette ordinaire, les muscles de son visage reprenaient leur immobilité, et son sang commençait à circuler librement, lorsqu'un homme entra portant un gros paquet dans lequel étaient des habits de toutes les tailles et de toutes les façons. « Habillez ce paitit gâçon, » monsieur le maître, lui dit Milord, » et il se tourna vers la cheminée, alluma sa pipe, et ne se mêla plus de ce qui se passait derrière lui. Je visite exactement tout ce que renfermait la serpillière, et je m'arrête modestement à une veste bleu-de-ciel, galonnée en argent sur toutes les tailles, un petit gilet couleur de rose, et une culotte de casimir serin ; je trouve dans le fond

du paquet une demi-douzaine de mouchoirs de percale, et je les destine à remplacer ma calotte et à me tenir lieu de cravates. Je passe dans une chambre voisine, et je rentre cinq minutes après, équipé de manière à faire honneur à la générosité de Milord. « Ah ! qu'il est
» bien, mon papa, s'écrie la petite Miss ;
» voyez donc quelle jolie figure ! »
Milord sonne sans me regarder, et l'hôtesse entre. « Madame, lui dit-il, payez
» monsieur le maître, et faites moun-
» ter toutes vos gens. » A l'instant l'appartement s'emplit de marmitons, de garçons servans, de garçons d'écurie, et de ces filles qui prient les voyageurs de ne pas les oublier, parce qu'elles leur ont couvert un lit et découvert autre chose. « Apprenez, leur dit Mi-
» lord, que ce paitit gâçon il est à moi,
» et qu'on ne mocque pas quelqu'un
» qui appartient à un gentilhomme
» anglais. » Je sautai de joie ; Milord

s'en aperçut du coin de l'œil, n'en parut pas fâché, et fit un signe de la main, d'après lequel chacun se retira sans rire et sans souffler le mot.

Je commençai aussitôt à remplir mes fonctions. Je mis le couvert, je montai le souper, et je servis Milord avec intelligence et exactitude. Il ne faisait que tordre et avaler, et son assiette disparaissait en un clin-d'œil. Il aimait à boire, et son verre n'était pas plus tôt vide que je l'avais rempli. Il avait demandé du *punch* à dîner; de mon autorité privée je lui en montai un *bowl* au dessert, et je l'accompagnai d'une gazette anglaise que j'avais trouvée sur le comptoir de l'hôtesse. Ce dernier trait l'enchanta, et il me marqua sa satisfaction par un signe de tête. Je descendis à la cuisine, où on me servit à mon tour, avec des marques de considération, qui me flattèrent infiniment; et lorsque je me sentis en état d'attendre le déjeuner, on me conduisit à un bon lit, dans lequel je m'étendis avec délices, en bénissant ma destinée.

CHAPITRE VI.

J'arrive à Paris.

On ne passe pas d'un état désespéré à une condition supportable, sans éprouver des sensations inconnues, séduisantes, chimériques peut-être, mais auxquelles l'imagination se livre avec complaisance, et qu'elle embellit des traits de la vérité. Le bonheur n'est plus un être de raison; on le voit, on le touche, on s'en pénètre; et si on se rappelle la crise qui a précédé ces momens d'ivresse, c'est pour sentir plus parfaitement sa félicité présente. Un amant désespéré de l'infidélité d'une maîtresse adorée, et qui tient la preuve certaine de sa constance; l'ambitieux aux joues cavées, au teint have, qui reçoit un brevet qu'on disait envoyé à quelqu'un qui le méritait mieux que lui ; un avare qui croit son trésor perdu avec sa maison que dévore un incendie, et qui s'échappe, à travers les flammes, sa cassette sous le bras ; le marin qui surmonte la violence des vagues, qui viennent d'engloutir son vaisseau, et qui brave, du rivage, leur impuissance et leur fureur ; l'innocent justifié au pied de l'échafaud : ceux-là auront une idée nette et précise de ce qui se passait en moi. Ma chambre, mon lit, mes habits, Milord, sa fille, leur voiture, le présent, l'avenir, tout se peignait en beau à mon œil satisfait : un monde nouveau venait d'éclore pour moi. Je me laissais aller au charme qui m'entraînait ; je me sentais bercé par la main du plaisir. Cependant je ne dormis point ; je ne pensai point à dormir ; je faisais mieux, je jouissais, et cette nuit fut la plus douce que j'aie passée de ma vie.

Cinq heures venaient de sonner, et

le plus profond silence régnait encore dans l'hôtel. Milord n'est pas fait pour attendre, me dis-je aussitôt ; Milord n'attendra pas. Je me lève, je prends mes habits, pièce à pièce je les regarde, je les étends sur mon lit, sur des chaises ; je les regarde encore, je les touche, je leur souris, je leur parle. Quelle richesse ! quelle élégance ! disais-je en m'habillant, et tout cela est à moi ! je me considérais dans une glace, et je remarquais, avec satisfaction, que ma figure ne faisait point de tort à mon ajustement. Miss a raison, m'écriai-je en finissant ma toilette, je suis vraiment joli garçon.

Je descendis à la porte de Milord, j'écoutai et je n'entendis rien. Restons ici, me dis-je alors, soyons immobile, et que Milord, en ouvrant les yeux, jouisse de ses bienfaits et de ma reconnaissance. Un moment après, j'entends tousser ; on crache, on se mouche, on

sonne, et la porte s'ouvre aussitôt : « Je
» suis contente, me dit Milord. De-
» mandez les chevaux, et faites moun-
» ter le thé. » Tout dormait encore dans
l'hôtel. Je vais, je viens, j'appelle, et
pendant que les gens de la maison
bâillent, en se frottant les yeux, j'allume un grand feu, je le charge d'un
trépied et d'une casserole pleine d'eau,
et je cours à la poste. Une voiture attendait ; les chevaux allaient être mis.
« C'est pour Milord, criai-je de cin-
» quante pas, vite des chevaux à Mi-
» lord ; » et au nom de Milord le postillon part au grand trot, me suit, et
laisse là ses voyageurs, qui ne conce-
vaient pas qu'on préférât un Anglais à
des gens comme il faut, et qui paient
leur guide à dix sous par poste. Je rentre dans la cuisine, je presse la fille ; le
thé est prêt, je le place devant Milord ;
je lui annonce que sa voiture l'attend ;
et j'ai grand soin de m'essuyer le visage,

pour qu'il n'ignorât pas que j'avais couru. Miss paraît, me sourit d'un air plein de grâces; on prend le thé, on demande la carte, on paie, et on descend.

Je n'avais guère que onze ans. Il n'y avait pas d'apparence que je pusse conduire un cheval, et supporter la fatigue de la course; d'ailleurs je n'avais ni la culotte de peau de daim, ni le tapabord de velours noir, ni surtout les bottes à l'anglaise, et le jockei de Milord ne pouvait monter à cheval sans le costume le plus exact : ainsi il fut décidé que j'irais, d'Amiens à Paris, dans l'intérieur de la voiture.

Milord occupait le fond de la berline, ses jambes étendues sur le coussin de devant; Miss était à côté de lui. et j'étais vis-à-vis d'elle. Nos yeux se rencontraient presque sans interruption. Les siens étaient beaux, j'avais du plaisir à les voir; ses genoux touchaient les miens, et j'y trouvais encore du plaisir ; elle m'adressait quelques mots, et sa voix flattait mon oreille ; elle me parlait avec bonté, et cela m'allait au cœur.

Milord voulait faire une Anglaise de sa fille, c'est-à-dire qu'il essayait de la persuader que le peuple anglais est le premier peuple de l'univers, et que les autres ne sont que des barbares, tout au plus dignes de l'admirer, et de le servir. Milord était silencieux, par système et par habitude ; mais il ne tarissait pas quand il trouvait l'occasion de médire de la France, et même de la calomnier. Il commença la conversation par une sortie violente contre les Français ; et pour que je ne perdisse rien de son immense érudition, il eut la complaisance de nous déchirer dans notre propre langue. Il parlait français comme un maître-ès-arts parle grec ; sa fille qui le parlait très-bien, riait de ses balourdises, et le reprenait quelquefois. Milord s'ennuya d'être repris, se fâcha, prétendit avoir parlé et prononcé à merveille ; Miss prétendit le contraire, tira un livre de sa poche, chercha le mot qui était l'objet de la contestation, le trouva, et me dit de juger. Je sentis pour la première fois qu'il peut être utile de savoir lire. Je rougis, je ne répondis rien, et je crus voir, dans un regard de Miss, le regret qu'elle avait de m'avoir humilié.

Nous arrivâmes à Chantilli. Tout était plein dans l'auberge où nous descendimes. Il ne fut pas possible de donner une chambre à Milord. Mais on lui dit qu'on allait servir un monsieur, qui était seul, qui paraissait très-honnête, et qui serait sans doute flatté de dîner avec lui. « Jé lé crois bien, parbleu, reprit
» Milord. Paitit gâçon, faites mon com-
» pliment à cé Monsieur, et dites à lui
» que Milord Tilmouth, et Miss Juliette
» sa fille, ils se proposent de dîner

» avec lui. » Le Monsieur m'écouta d'un air très-affable, n'eut pas l'air de s'apercevoir que le compliment pouvait être plus poli, et me répondit qu'il serait enchanté de pouvoir faire quelque chose qui fût agréable à Milord. « Jé lé crois bien, parbleu, » répéta mon Anglais lorsque je lui rapportai la réponse du Monsieur, et il entra dans sa chambre. Le Français s'avança quelques pas au-devant de lui, le salua respectueusement, présenta la main à sa fille, et lui offrit un siége. Milord répondit à tout cela : « Cette fort bien, ne
» vous dérange pas. Miss ajouta : Nous
» sommes très-flattés, Monsieur, que le
» hasard nous procure le plaisir de
» vous connaître. C'est assez, c'est as-
» sez, interrompit Milord. Dînons, car
» j'ai une grande appétite, et jé suis
» pressé de partir. » Miss rougit, le Monsieur sourit, on servit, et on se mit à table.

Ce Monsieur était un homme de trente-cinq ans, qui avait cette noble aisance, cette politesse franche et gaie, qui plaisent au premier abord. Aussi je m'aperçus qu'il plaisait à Miss, autant qu'il paraissait lui-même charmé de ses grâces enfantines, et de la justesse de son esprit. Pour Milord, plus le Monsieur était aimable, et plus il fronçait le sourcil.

La conversation s'engagea à la fin. Milord écrivait régulièrement tous les soirs ce qu'il avait fait et dit dans la journée. Je trouvai quelques années après ce dialogue dans ses papiers, et le voici tel que je l'ai traduit :

« Milord paraît avoir de l'humeur ?
» — Cela se peut. — Aurais-je le mal-
» heur d'en être la cause ? — Non pas
» individuellement. — Auriez-vous la
» faiblesse de la plupart de vos compa-
» triotes ?... — Mes compatriotes n'ont
» pas de faiblesses. — Mais leur aver-

» sion pour tout ce qui est français....
» — est fondée sur l'expérience et la
» raison. — Vous la partagez donc? —
» Ne me pressez pas, je suis franc. —
» Il est triste que des hommes, faits
» pour s'estimer et se chérir, soient
» éternellement dupes d'une préven-
» tion.... — Prévention, dites-vous?
» Récapitulons les ridicules, les défauts,
» les vices des Français, de leur gou-
» vernement et de leur culte, et vous
» verrez...—qu'ainsi qu'en Angleterre,
» tout y est mêlé de bien et de mal. —
» Vous osez comparer l'Angleterre...—
» Ne vous échauffez pas, Milord. Voyons
» votre récapitulation.

» — Le sol de la France est fertile et
» délicieux; mais qu'on y est loin en-
» core du degré de perfection où les
» Anglais ont porté l'agriculture. Le
» laboureur condamné aux corvées,
» écrasé par la taille, la gabelle et au-
» tres exactions, qu'on appelle des

» impôts, déserte vos campagnes, ou
» tombe dans le découragement et le
» désespoir. Il voit périr d'inanition
» des enfans à qui il ne peut donner
» que du sel pour toute nourriture. On
» lui arrache jusqu'à son grabat, pour
» satisfaire à la rapacité des préposés du
» prince; et si dans le moment d'une
» fureur légitime, il ose venger sa dé-
» plorable famille, c'est pour lui seul
» qu'il existe des lois. c'est sur lui seul
» qu'elles sont exécutées: elles n'attei-
» gnent jamais la puissance, ni la for-
» tune. En Angleterre, on ne connaît
» pas de corvées; on ignore ces impôts
» avilissans qui ne pèsent que sur une
» classe de citoyens. Le voyageur paie
» les réparations des chemins; le noble
» contribue, comme le roturier, aux
» besoins de l'État; la loi est égale pour
» tous, veille au bien-être de tous,
» et frappe également sur tous, sans
» acception de personnes, de rang,

» ni de richesses. Le roi est son pre-
» mier sujet. Tout-puissant pour faire
» le bien, il ne peut attenter à la cons-
» titution, sans compromettre sa cou-
» ronne et sa tête. Les deux chambres
» sont les conservatrices des libertés du
» peuple; et de l'équilibre de ces pou-
» voirs, réunis mais distincts, résul-
» tent la sûreté et la durée de l'em-
» pire. En France, le prince est absolu,
» sa volonté fait la loi, et ce sont ses
» agens qui l'exécutent. Le peuple
» rampe devant le dernier courtisan,
» qui, après avoir brigué, à force
» de soumission et de bassesses, un
» regard protecteur du maître, va se
» venger, sur ses vassaux, des op-
» probres dont il s'est abreuvé à la
» cour. Nous vivons tous dans nos ter-
» res, et le peuple nous pardonne une
» aisance qui n'est jamais oppressive,
» qui vivifie le commerce, qui anime
» l'industrie, et répand partout l'a-

» bondance. — Ce que vous venez de
» dire, Milord, est très-vrai à certains
» égards. Il est en France des abus
» cruels, que tôt ou tard on réfor-
» mera sans doute, *mais avec réflexion*
» *et sagesse, sans précipitation et sans*
» *emportement.* Alors, Milord, vous
» aurez des reproches de moins à nous
» faire, et du loisir de plus pour vous
» apercevoir que le temps altère tout,
» change tout, que le peuple anglais
» vend aujourd'hui ses suffrages, que
» celui qui a payé son élection, d'une
» partie de sa fortune, se vend à son
» tour à un ministre ambitieux, qui
» gouverne un monarque imbécille,
» et qui déchire, feuille à feuille, la
» charte de vos priviléges. »

Milord se mordit les lèvres, et continua ainsi : « La religion influe, plus
» qu'on ne pense, sur le gouverne-
» ment. Un culte qui ne parle que de
» crimes et d'expiations, qui n'inspire

» que des terreurs, qui rétrécit l'en-
» tendement humain par des pratiques
» superstitieuses, ôte enfin à l'homme
» cette énergie qui le pénètre du sen-
» timent de sa dignité, et qui le rend
» capable de grandes choses. Partout
» les catholiques romains sont escla-
» ves, et ils doivent l'être ; vous êtes
» catholiques et vous parlez de ré-
» forme! Abjurez d'abord cet assem-
» blage étonnant d'absurdités et de con-
» tradictions. Cessez de reconnaître un
» Dieu des miséricordes et un Dieu des
» vengeances ; d'être cruels et tolérans,
» selon que vos prêtres ont intérêt d'é-
» pargner le sang, ou de le répandre.
» Songez que votre religion a dévasté,
» tour-à-tour, les quatre parties du
» monde. Les croisades, la destruc-
» tion de l'espèce humaine en Amé-
» rique, la proscription des Maures,
» le massacre des Vaudois, la journée
» de la Saint-Barthélemi, les dragon-

» nades des Cévennes, les bûchers de
» l'inquisition ; des Etats troublés, ra-
» vagés par des papes; des couronnes
» données, ôtées, et rendues par eux;
» la chaire de saint Pierre, elle-même,
» déshonorée par l'inceste, le viol,
» la perfidie, l'avarice et le meurtre :
» tels sont les abominables effets du
» catholicisme. Et vous êtes catholi-
» ques, et vous parlez de réforme !
» Milord, reprit en souriant le Mon-
» sieur, le temps des orages est passé.
» La foudre n'est plus à craindre,
» quand le ciel est devenu serein. Ces
» excès de nos pères étaient les fruits
» de l'ignorance. Le fanatisme, le zèle
» aveugle, ont disparu avec elle. La
» religion n'est plus que ce qu'elle doit
» être; un hochet pour le peuple, et rien
» pour l'homme éclairé. Mais dites-
» moi, à votre tour, Milord, pourquoi,
» dans certain pays, on s'occupe en-
» core d'affaires de religion ? Pourquoi

» en Angleterre, par exemple, il est
» des sectes qui sont à peine tolérées?
» Pourquoi le catholicisme y redoute-
» t-il sans cesse la malveillance, la
» haine publique, et les injustices du
» gouvernement? Quoi! un peuple de
» philosophes est encore persécuteur!
» Que lui importe qu'on prie Dieu en
» latin ou en anglais, ou qu'on ne le
» prie pas du tout? Dès long-temps on
» ne devrait plus dire : Un tel est chré-
» tien, juif ou mahométan. On devrait
» dire simplement : Un tel est honnête
» homme, ou un tel est un fripon, sur-
» tout en Angleterre où la raison a
» fait des progrès étonnans. » Milord
allait remercier obligeamment le Monsieur, lorsqu'il ajouta : « Oui, des pro-
» grès étonnans, qui ne vous empê-
» chent pas d'être exagérés et injustes
» envers les Français, qui cependant
» ne diffèrent de vous que par des usa-
» ges sensés ou ridicules, mais, à peu

» près, indifférens : le cœur humain
» est le même partout.

» Je ne suis pas du tout de cet avis,
» répliqua Milord, et je suis très-loin
» d'être satisfait des moyens faibles et
» captieux que vous venez de m'oppo-
» ser. Ils me confirment dans mon opi-
» nion. Passons maintenant à des ob-
» jets moins sérieux, mais bien di-
» gnes de l'attention d'un observateur:
» examinons le caractère national. —
» Ceci me touchera de plus près, et
» j'oserai répondre à Milord. — Osez,
» osez. — Vous le permettez? — Sans
» doute. — Allons, Milord, que pensez-
» vous du caractère national? — Le
» Français est vain, léger, inconstant.
» — L'Anglais est orgueilleux, pesant,
» et ne tient à ses habitudes que parce
» que son imagination indolente n'a
» pas la force de désirer et de jouir.
» — Si le Français a quelques momens
» de jouissance, ils passent aussi rapi-

» dement que la sensation qui les a fait
» naître. — Un moment de jouissance
» fait oublier des années de peines.
» Que je plains ceux à qui la nature a
» refusé les moyens de s'étourdir sur
» leurs maux! — Le Français, incon-
» sidéré, sacrifie tout aux convenances,
» jusqu'à la morale. — L'Anglais, ré-
» fléchi, ne choisit le vice que par
» haine de la vertu. — Le Français est
» esclave de la mode. — Et l'Anglais
» de la prévention. — Le Français ré-
» pond en chantant, quand on lui parle
» raison. — L'Anglais croit répondre,
» parle toujours, et ne prouve rien.
» — Le Français passe sa vie aux pieds
» de ses maîtresses. — Ne doit-on rien
» à qui nous rend heureux? — Mais
» ses maîtresses le trompent. — Les
» Anglais ne le sont-ils jamais? —
» L'Anglais trahi se brûle la cervelle.
» — Le Français se console. — Vos
» seigneurs, vos financiers, tout ce qui

» veut singer l'opulence et la grandeur
» entretient des filles, et se ruine pour
» elles. — Les lords et les marchands
» de Londres nourrissent des chevaux
» et des coqs, et se ruinent en paris.
» Je crois, toutes réflexions faites,
» qu'il vaut mieux se ruiner à la fran-
» çaise : il reste, au moins, quelques
» souvenirs. — Le Français se fait un
» jeu de dégrader les femmes, qui
» l'avilissent à leur tour. — Il y a par-
» tout des séducteurs et des femmes
» sans principes. — L'adultère est plus
» fréquent en France qu'en Angleterre.
» — Cela n'est pas prouvé, et ce n'est
» pas la peine de disputer sur le plus ou
» sur le moins. — La dissipation dans
» laquelle vous élevez vos femmes, les
» conduit à l'oubli de leur devoir. —
» L'abandon auquel vous livrez les
» vôtres, la supériorité que vous af-
» fectez sur elles, leur rendent le de-
» voir insupportable. — Oui, nous

» sommes toujours maîtres de nous...
» — Nous ne sommes pas si dupes. —
» Et cependant, les Anglaises sont,
» après les Asiatiques, les plus belles
» femmes de l'univers. — Mais elles
» sont mélancoliques, sans usage du
» monde; elles ignorent cette gaîté dé-
» cente qui fait le charme de la société.
» Les Françaises, avec des traits moins
» réguliers, sont plus jolies, plaisent
» davantage, et l'art de plaire est pré-
» férable à la beauté. Soyez de bonne
» foi, Milord; que concluez-vous de
» tout ceci? — Ma foi, pas grand'chose,
» je l'avoue; mais vous conviendrez au
» moins que nos soldats sont les plus
» braves de l'Europe, et nos généraux
» les meilleurs tacticiens. — Cela se
» peut, Milord. Cependant vous avez
» été subjugués par tous les peuples
» qui ont voulu vous conquérir. Les
» Romains, les Danois, les Saxons,
» les Normands, vous ont successive-

» ment mis sous le joug. La France a
» été envahie, et n'a jamais passé sous
» une domination étrangère. » Ici un
Goddam vint mourir sur les lèvres de
Milord, qui continua ainsi : « Vous ne
» nierez pas, je l'espère, que les An-
» glais ne l'emportent infiniment sur
» leurs voisins dans les arts utiles, dans
» les sciences abstraites, et dans la
» haute littérature. Qui travaille l'acier
» comme nous? — Personne. — Qui
» construit un vaisseau comme nous?
» — Personne. — Qui entend la ma-
» nœuvre comme nous? — Personne.
» — Qui a égalé le divin Newton? —
» Personne. — Qui a fait des tragédies
» comme Shakespear? — Racine, qui
» réunit à plus de connaissance du
» cœur humain la sagesse du plan, la
» régularité de l'action, et la richesse
» de la poésie. — Racine était nourri
» de la lecture des anciens, et il s'est
» approprié leurs beautés. Shakespear,

» né dans la lie du peuple, n'eut point
» de modèles, et son génie lui appar-
» tient tout entier. — Mais Shakespear
» est incohérent, inégal, souvent tri-
» vial et bas, et l'un compense l'autre.
» — Quelqu'un a-t-il fait la comédie
» comme Driden ? — Molière est infi-
» niment au-dessus de lui, et Regnard
» lui est quelquefois préférable. — Avez-
» vous quelque chose à comparer au
» Spectateur? — Lisez les Lettres juives.
» — Avez-vous un Fielding ? — Nous
» avons un Lesage. — Il n'a pas créé
» de caractères. — Il a peint le monde
» et les hommes, tels qu'ils sont. —
» Qui opposerez-vous à Junius? Quel
» publiciste osa parler aux rois avec
» cette noble hardiesse, dans un style
» qui n'appartient qu'à lui? — Ouvrez
» le Contrat social, et dites-moi quel
» est le plus profond, le plus concis, le
» plus véritablement éloquent de Ju-
» nius, ou de Jean-Jacques? — Mais

» Jean-Jacques s'est borné à des don-
» nées générales, et Junius a voulu ré-
» former les abus de son pays. — L'ou-
» vrage passe avec les circonstances
» qui l'ont fait naître : les principes
» sont éternels. Laissez de côté la pré-
» vention nationale, et dites-moi, Mi-
» lord, où sont vos Fénélon, vos La-
» bruyère, vos La Fontaine ? Où est
» votre Encyclopédie? Où est votre
» Buffon, qui déroba les secrets de la
» nature en fouillant jusque dans ses
» entrailles? Où est votre Voltaire,
» dont le vaste génie embrasse tout, et
» qui n'eut des ennemis que parce
» qu'il fut supérieur dans presque tous
» les genres? Où est votre Desault, qui
» guérit à Paris des maladies qu'on
» croit encore incurables à Londres?
» Avez-vous inventé l'art de fabriquer
» le papier, et de faire des horloges à
» roues? Avez-vous trouvé l'impri-
» merie, la boussole, l'électricité,

» l'inoculation ? Vous avez profité,
» dans les derniers temps, des décou-
» vertes des Italiens, des Allemands,
» des Chinois et des Turcs. Venise,
» Gênes, Bologne, Sienne, Pise, Flo-
» rence et Padoue étaient déjà fa-
» meuses, que vos maisons étaient en-
» core couvertes en chaume. On brû-
» lait de la bougie à Milan, que vous
» vous éclairiez encore avec des mor-
» ceaux de bois sec allumés. Vous ne
» mangiez de la viande que trois fois
» la semaine, on ne trouvait de vin
» que chez vos apothicaires, et vos
» chemises étaient de serge. Votre sol
» aride et inculte était couvert de forêts,
» et vous ne saviez pas vous garantir
» du froid à l'aide de ces cheminées
» qui ornent aujourd'hui les maisons
» les moins recherchées. Vos familles
» s'assemblaient au milieu d'une salle
» enfumée, et s'asseyaient, sur des es-
» cabelles de bois, autour d'un foyer

» rond, dont la fumée s'évaporait à
» travers le plafond; enfin vous étiez
» encore des barbares, que le luxe,
» enfant des beaux-arts, était déjà in-
» troduit dans une partie de l'Italie.
» Votre atmosphère humide et froide
» vous refuse cette imagination créa-
» trice qui donne l'immortalité. Vous
» êtes nés avec l'esprit de calcul, et la
» patience qui perfectionnent : perfec-
» tionnez, mais rendez justice à vos
» maîtres.

» Il ne vous reste plus, continua le
» Monsieur, qu'à vanter votre ville de
» Londres, la seule dont vous puissiez
» parler. Je conviens que ses rues sont
» larges, bien pavées; que l'air y cir-
» cule librement; que les trottoirs ga-
» rantissent l'humble piéton de la rapi-
» dité des voitures; que la basilique de
» Saint-Paul est la première après Saint-
» Pierre de Rome et Sainte-Sophie de
» Constantinople; que la Tamise est la

» reine du monde ; que les quatre par-
» ties de l'univers viennent déposer
» leurs tributs jusque sous des ponts
» dont la hardiesse est digne de la ma-
» jesté du fleuve qui les porte ; mais
» n'oubliez pas, Milord, que nous avons
» un Louvre, des Tuileries, des Champs-
» Élysées, cinq cents hôtels magnifiques,
» des bibliothèques, un jardin botani-
» que, des peintres, des sculpteurs, et
» que vous n'avez rien de tout cela.
» Souvenez-vous qu'il n'est pas délicat
» de voyager dans un pays uniquement
» pour le dénigrer ; que les Anglais ne
» méritent pas notre admiration exclu-
» sive ; que les Français peuvent être
» comptés pour quelque chose ; enfin,
» que le sage trouve partout des objets
» dignes de son attention, comme il
» trouve partout des choses qui le bles-
» sent, parce que les hommes de tous
» les lieux et de tous les temps ont des
» qualités et des travers, des vertus et

» des vices. » A ces mots, le Monsieur se leva, salua Milord, et sortit.

Goddam, goddam, goddam, répéta Milord pendant un quart-d'heure......
« Paitite drôle, me dit-il enfin, de-
» mande le carte, et partons. Vous ne
» devez rien, Milord, dit un garçon qui
» entrait pour desservir Le marquis de
» Condorcet a payé votre dîner. God-
» dam, dit Milord, en se levant et en
» frappant du pied, un inconnu, un
» étranger, un Français paie le dîner
» de Milord Tillmouth!... Voilà dix gui-
» nées pou lé gâçon, et si cet imperti-
» nente marquis de Condorcet il repasse
» jamais ici, dites-lui bien que j'ai don-
» né, en pour-boire, quatre fois la va-
» leur du dîner. » Nous partîmes enfin, et il ne cessa de gronder entre ses dents jusqu'à l'hôtel des Milords, passage des Petits-Pères, où nous arrivâmes à la nuit.

CHAPITRE VII.

Une journée de Paris.

Le lendemain matin, Milord me donna ses ordres pour toute l'année. Je devais me lever tous les jours à sept heures, entrer chez lui à huit, donner le coup d'époussette à son juste-au-corps, la couche d'huile chimique à ses escarpins, lui monter à déjeûner, le chausser, lui passer sa cravate, serrer la boucle de sa perruque, le mettre dans son remise, et m'aller promener jusqu'à quatre heures, que je rentrerais à l'hôtel pour lui servir à dîner, ou pour dîner moi-même s'il lui plaisait de manger ailleurs. J'étais maître de mon temps et de mes actions jusqu'à dix heures du soir que j'apprêterais ses pantoufles, son bonnet de coton; que je chargerais sa pipe, et que je mettrais les papiers anglais sur sa table de nuit ; après quoi, je l'attendrais en dormant sur son ottomane, ou en bayant aux corneilles, selon que je me sentirais disposé à veiller ou à dormir. Cette manière de répartir le temps me parut aussi agréable que celle du frère Joseph était excédante et ridicule, et je répondis à Milord qu'il pouvait compter sur mon exactitude.

Il n'est pas de maître qui ne veuille savoir au moins le nom de son domestique, et on me demanda le mien. Je m'étais toujours appelé Jean, en commémoration du père Jean-François. Ce nom ne plut pas à Milord : il y a des Jean partout ; des Jean à la douzaine ; des Jean de toutes les façons ; Jean sucre, Jean farine, Jean avant le mariage pour qu'on épouse une brune éveillée Jean après pour peu qu'elle ne s'endorme pas ; Jean que sa femme envoie à Charenton ; Jean que sa femme fait fermier-général; Jean que l'ami de la maison caresse; Jean qu'il rosse; Jean qui pleure d'être Jean, Jean qui s'en moque et qui fait bien, etc., etc. Milord jugea à propos de me débaptiser, et Miss Juliette prononça qu'à l'avenir je me nommerais Happy. Ce nom me parut un peu extraordinaire, et n'est pourtant que le Félix des latins, à ce que j'ai su depuis.

Après ces arrangemens préliminaires, Milord se mit à son secrétaire pour instruire les lords d'Angleterre, d'Écosse et d'Irlande de son heureuse arrivée dans la capitale de l'Empire français, et Miss passa dans son cabinet de toilette, où je la suivis sur la pointe du pied. Elle s'assit devant son miroir, et se regarda avec complaisance, en chiffonnant un ruban dans ses cheveux : elle était femme, jeune et jolie. J'étais appuyé sur le dos de sa chaise; je la regardais aussi, et son œil noir, sa peau satinée, son bras arrondi, sa main blanchette, fixaient

alternativement mon attention. Je n'étais pas entré pour cela ; mais j'oubliai ce qui m'amenait dans ce cabinet ; je regardais toujours, et je ne bougeais pas. Miss me trouva enfin dans un coin de sa glace ; elle me regarda à son tour. Je baissai les yeux, et je rougis, sans savoir pourquoi. Je quittai le dos de la chaise ; mais mon œil se reporta involontairement sur la glace ; Miss me souriait. Je repris insensiblement ma première position, et je crois que je lui souris aussi. Elle se retourna enfin, et me demanda ce que je voulais. « J'ai reçu les ordres de Milord,
» lui répondis-je, et je viens prendre
» les vôtres. Je n'ai point d'ordres à vous
» donner, me dit-elle ; mais il me sem-
» ble que mon papa a distribué votre
» journée de manière à vous laisser
» plus de temps qu'il n'en faut pour
» s'ennuyer ou pour faire pis. A quoi
» passerez-vous vos loisirs ? — Si Miss
» ne veut point me donner d'ordres,

» ajoutai-je, me refusera-t-elle des » avis ? » Elle se leva, prit un livre, me le mit dans les mains, me les serra et me dit : Je sais lire, Happy. Milord m'appela, me donna quelques billets à porter dans différens quartiers de Paris, monta en voiture avec sa fille, et ordonna de toucher chez l'ambassadeur de Sa Majesté Britannique.

Je tournais dans mes mains les billets de Milord, et je me disais : J'aurai le désagrément de me faire lire ces adresses. Ceux à qui je m'adresserai me prendront pour un sot, et il faut que j'en passe par là. J'ouvrais le livre de Miss, et je disais : elle l'a lu ; il me semble que j'aurais du plaisir à le lire à mon tour : il faut apprendre à lire.

Je descendis à la cuisine, j'examinai tous les visages ; je n'en trouvai aucun qui eût un air scientifique. C'étaient des marmitons crasseux et gras, des garçons brusques, étourdis, qui passaient leur vie à ouvrir et fermer des portes, à monter et descendre des plats. Le maître de l'hôtel était savant sans doute; mais ses grandes occupations ne lui permettraient pas d'être mon instituteur, et son air important m'ôtait l'envie de le lui proposer.

Un tonneau était planté dans la rue, contre une borne. Dans ce tonneau était assise une petite brune de seize à dix-sept ans. Ses cheveux étaient arrêtés par un bavolet qui retombait sur une oreille; son juste était percé au coude, et cependant elle était jolie. La santé brillait sur son visage, la gaîté dans ses yeux, et elle chantait, un œil sur un livret accroché devant elle, et l'autre sur une semelle de drap vert qu'elle attachait à un bas de fil gris. Pourquoi une femme inspire-t-elle toujours plus de confiance qu'un homme? pourquoi aime-t-on mieux lui devoir quelque chose? pourquoi une vieille femme n'est-elle que respectable? pourquoi s'éloigne-t-on d'une femme pour qui on ne sent que du respect? pourquoi trouve-t-on ridicules les vieilles qu'on ne respecte pas? etc., etc. Voilà des questions qu'on peut se faire à onze ans, et qui sont bientôt résolues à seize. Quoi qu'il en soit, j'abordai la petite ravaudeuse, mon chapeau à la main, je la saluai d'un air timide, et je lui dis que j'avais bonne envie d'apprendre. Elle me prit par la main en continuant sa chanson, me fit asseoir à côté d'elle, finit son couplet, ouvrit mon livre sur le bord de son tonneau, tira une grosse aiguille de son étui, et me donna ma première leçon, après laquelle je partis pour la rue du Bac, où elle m'avait dit que s'adressait une des missives de Milord.

A peine eus-je fait quatre pas, que je perdis beaucoup de l'admiration que j'avais conçue, sur parole, pour la ville de Paris. Les hommes étaient faits comme à Calais, les femmes mises à peu près de même; les maisons étaient de pierre, les rues étroites et malpropres. Un coup de coude me faisait faire un demi-tour à droite; un second me remettait où le premier m'avait pris. Le perruquier me blanchissait une manche; le charbonnier me noircissait l'autre; le porteur d'eau jetait dans mes souliers l'excédant de ses seaux; le petit-maître qui courait ventre à terre dans son wiski, m'obligeait à me coller contre le mur, et me couvrait de boue en passant; des femmes barbouillées de rouge comme des roues de carrosse, décoletées jusqu'à la ceinture, et troussées jusqu'au genou, me prenaient par le menton, et me disaient des choses auxquelles je n'entendais rien. Je saluais tout le monde, ainsi que cela se pratique à Calais, et personne ne prenait garde à moi. On allait, on venait, on trottait, on courait, on se heurtait, on se rangeait et on se cassait la tête sur le front de celui qui s'était rangé en même temps; on se passait la main sur le visage, on se demandait excuse, et on se remettait à courir. Je ne concevais pas comment toute la France se trouvait à Paris; quelles affaires pressantes faisaient courir tout le monde à la fois; mais je jugeai que la première chose à apprendre en arrivant dans cette ville, c'est l'art d'éviter les coureurs, tant à pied qu'à cheval. Je n'avançais plus qu'avec précaution, par ménagement pour mon individu, par égard pour la veste galonnée de Milord, et je disais tout bas : Oh la sotte ville! oh les sottes gens!

J'entrai dans le Palais-Royal, qu'il était permis à la canaille de tous les genres de traverser jusqu'à dix heures du matin. Je fus étourdi de la somptuosité du palais, de la fraîcheur du jardin, de la tournure, de l'élégance, des grâces des femmes qui commençaient à s'y rendre, de l'air agréable et facile des hommes qui les abordaient, et je me dis : Paris n'est pas tout entier dans les rues, et je pourrais bien m'être trompé. Je sors par la place du château d'eau, j'enfile la rue de l'Échelle, et, sans m'en douter, je me trouve dans les Tuileries. A l'aspect du Louvre, d'un jardin immense, des statues de marbre qui le décorent, je me sentis pénétré d'un sentiment de respect, et je convins que Paris vaut bien Calais. Je sortais par la grille du côté de l'eau, et je vis un des trottoirs du Pont-Royal chargé d'une foule de curieux qui paraissaient observer quelque phénomène hydraulique. Je m'approchai : c'était un chien noyé qui suivait le fil de l'eau, et qu'on attendait au passage. Je leur ris au nez. Un petit Monsieur, en habit de camelot et en perruque à bourse, un parasol sous le bras et un chien lion sous l'autre, me dit que je n'étais qu'un provincial et un impertinent. Je lui répondis qu'il n'était qu'un Parisien et un sot, et j'entrai dans la rue du Bac. Un Auvergnat, lourd comme un cheval et vigoureux à l'avenant, gobait des mouches à la porte d'un hôtel, en attendant le moment de porter une lettre ou une malle. Je lui demandai le numéro de la maison où j'avais affaire; il me l'indiqua; je remis mon paquet au suisse (car vous saurez que pour être digne de garder une porte à Paris, il faut être membre du souverain des treize cantons); et je le priai de me dire de quel côté je tournerais pour remettre à leur adresse trois autres paquets de la même importance. Il m'envoya à la Chaussée-d'Antin. Je repassai le Pont-Royal, d'où une vingtaine de femmes regardaient un jeune homme qui nageait sur le dos avec une grâce toute particulière, et je demandai mon chemin.

Après avoir marché un grand quart-d'heure, je jugeai convenable de reprendre haleine. Je m'amusai à regarder les boutiques qui garnissent le rez-de-chaussée des rues de Paris. Quelques-unes m'étonnèrent par leur variété et leur richesse, et je ne pus m'empêcher de m'écrier : Ah! mon Dieu! les belles boutiques! Qu'appelez-vous boutiques, me dit un marchand qui était sur sa porte? Apprenez, mon ami, qu'il n'y a plus à Paris ni boutiques ni métiers. On a un *état*, et on tient un *magasin*. En effet, je passai devant des *magasins* de parfumerie qui avaient quatre pieds en carré, et qui renfermaient trois ou quatre savonnettes, une livre ou deux de pommade, et cinq à six paires de gants piqués. Je laissai derrière moi des *magasins* de modes, où quelques bonnets, à peu près passés, étaient accrochés aux vitraux pour la forme, et où on avait *emmagasiné* quelques filles, telles quelles, qui passaient par *état*, du *magasin* dans l'arrière-boutique. Je vis des *magasins* de cordonnerie, et je m'aperçus que *l'état* du propriétaire était de raccommoder des savates ; des *magasins* de librairie, contenant cinquante ou soixante bouquins, où on faisait son *état* de compléter des ouvrages dépareillés : enfin, je m'arrêtai devant un véritable *magasin*, où je crus voir les perles d'Orient, les diamans de Golconde et les mines du Potose. Tout y était éblouissant et recherché. Le nom du *magasinier*, en lettres d'un demi-pied, formées de brillans de la grosseur du pouce, était entouré de rayons éclatans, et garnissait le fond du *magasin*. Un comptoir de bois d'acajou servait de niche à une *magasinière* immobile, dont le crâne était chargé d'aigrettes

et d'étoiles, et dont les oreilles s'allongeaient sous le poids de ses girandoles. Hélas! presque tout ce que je voyais était faux; mais je ne m'en doutais pas, et je jouissais. J'étais cloué devant cet amas de richesses idéales; je me rassasiais du plaisir de les considérer, et je ne m'apercevais pas qu'un homme, deux hommes, vingt, trente, quarante, cinquante hommes s'étaient successivement arrêtés autour de moi, la bouche béante, l'œil fixé au fond du *magasin*, et cherchant à découvrir l'objet de mon imperturbable attention. L'un d'eux, moins patient que les autres, me frappa enfin sur l'épaule, et me dit: « Que
» diable remarquez-vous donc là?—Je
» ne remarque rien; j'admire tout, lui
» répondis-je. — Voyez, reprit-il, ce
» petit animal, qui nous tient là le bec
» dans l'eau depuis une heure; » et pan, il m'allonge un coup de pied dans le derrière, et je prends ma course

pour esquiver le second. Le coup m'avait foulé un nerf, et je boitais en courant. Quatre ou cinq savoyards se mirent à courir en boitant; je trouvais mauvais qu'on me contrefît; j'en cognai deux ou trois, et je repartis comme un trait. Les savoyards me suivirent, en criant au voleur. Vingt ou trente personnes suivirent les savoyards; une escouade d'invalides prit la piste, en sautillant en mesure sur ses jambes de bois; les chiens du quartier aboyaient; les courteaux de boutique accouraient à leur porte; mon cortége grossissait à vue d'œil; j'allais toujours; mais on me serrait de près; enfin, j'allais être étrillé, sans être entendu, lorsqu'une femme qui pissait debout, et qui pétait en pissant, arrêta mes badauds au coin du pavillon d'Hanovre. Ils se moquèrent d'elle; elle leur jeta de la boue au nez; et pendant qu'ils se torchaient le muffle, j'entrai dans la première allée de la Chaussée-d'Antin, en m'écriant : Oh la sotte ville ! oh les sottes gens !

Une petite femme, vieille comme Hérode, sèche comme une latte, ridée comme un cornichon, et laide comme les sept péchés capitaux, sortit d'un trou pratiqué sous l'escalier, ou, si on l'aime mieux, de sa loge, et me demanda d'une voix tremblotante ce qui m'échauffait la bile. Je lui contai ma mésaventure ; elle y prit beaucoup de part, remit elle-même ma lettre, qui était adressée à la maison attenante, me dit que les deux autres étaient pour la rue de Sève, me souhaita un bon voyage, me consola, m'embrassa, me cracha sa dernière dent au visage, et se renferma dans son trou.

Je me remis en route. Je marchais lentement, sans m'embarrasser de ce qui se passait autour de moi. Je me proposais bien de faire comme tant d'autres, qui ont des yeux sans voir, des oreilles sans entendre, et des mains pour mettre dans leur gilet, ou dans le gousset de leur culotte; enfin, j'étais triste, humoriste, épigrammatiste, quand je découvris un dentiste, dont l'arlequin, vrai rapsodiste, et menteur comme un journaliste, haranguait à l'improviste, avec l'audace d'un puriste, des benêts que le ciel assiste.

Je ne pus résister à la tentation. J'avançai, j'écoutai, je bâillai, et je levai les épaules, tant j'étais bête encore, pendant que l'auditoire émerveillé riait aux éclats. Je tournai le dos aux tréteaux et aux saltimbanques, et je m'en fus. Bientôt je m'aperçus que je n'avais plus mon mouchoir. Je retournai, je tâchai de reconnaître les pavés sur lesquels j'avais marché, et je ne vis pas de mouchoir. Je pensais qu'il pouvait être tombé aux pieds de l'*incroyable* arlequin, et je poussai jusque-là. Je demandai si on n'avait pas vu mon mouchoir; on se moqua de moi, et on m'apprit qu'il y a à Paris des gens dont l'*état* est de fouiller dans la poche de leurs voisins. Je me résignai et je m'en fus tout droit à la rue de Sève, où j'arrivai sans accident. Là se terminaient mes messages, et il était temps, mes jambes ne me soutenaient qu'à peine. Je me demandai pourquoi on s'amusait à bâtir des villes grandes comme des provinces; je me répondis que je n'en savais rien, et je tâchai, clopin, clopant, de regagner l'hôtel des Milords. Deux hommes passèrent auprès de moi, à la parisienne, c'est-à-dire avec l'air très-affairé, sans avoir rien à faire. L'un disait à l'autre : « Il a déterré ce corps à Clamart » L'autre ajoutait : C'est clair, et il n'a » pas fait grâce du linceul. » Le premier reprenait : « Ce sont nos chirurgiens » qui se font un jeu de violer les sé- » pultures, sous le prétexte de guérir » les vivans, comme si les vivans

» avaient quelque chose de commun
» avec les morts. Si du moins, pour-
» suivait le second, on faisait tout cela
» dans le silence et l'obscurité de la
» nuit, il n'y aurait pas de scandale;
» mais traverser Paris en plein jour
» avec un cadavre sur l'épaule, c'est
» braver le public, la police et ses ré-
» glemens.... Et qui sait encore à qui a
» appartenu ce corps qu'on va hacher
» comme chair à pâté? Peut-être à
» l'ame de feu ton père, ou à celle de
» feu le mien; » et tous deux s'écrièrent
ensemble, comme par inspiration :
« Il faut le faire arrêter au prochain
» corps-de-garde. » Je regardai derrière moi, et je vis en effet un homme
qui marchait tranquillement, portant
un mort assez proprement enveloppé,
dont les extrémités allaient et venaient
d'après le mouvement du porteur. « Hé-
» las ! dis-je en moi-même, voilà peut-
» être un malheureux qui sera, comme

» moi, le jouet des circonstances et des
» sots. On l'arrêtera, on l'emprisonnera
» on lui fera peut-être pis, pour avoir
» voulu s'instruire et être utile. » Je
vais l'avertir; je le dois, je le veux. Je
l'attendis, et je lui conseillai de prendre une autre route. Il marchait toujours, et ne me répondait pas. Je le tirai par l'habit, et je répétai mon avis.
Il me regarda, et continua son chemin.
Je le pris par le bras, je le conjurai de
s'épargner de mauvaises affaires. Je le
pressais dans les termes les plus pathétiques que je pus trouver; il me regardait, me faisait des signes de tête, et
allait son train. Tout-à-coup nous fûmes entourés par des soldats du guet;
et un sergent, en frappant le pavé de
sa hallebarde, nous arrêta de par le
roi. Je dis à monsieur le sergent que je
n'étais pas un maraudeur de cimetière,
que j'appartenais à milord Tillmouth,
et que je ne connaissais pas l'homme

avec lequel on m'arrêtait. Monsieur le sergent répliqua que je le tenais par le bras, que cela indiquait complicité, et que nous irions tous deux au corps-de-garde, jusqu'à plus ample informé. Je n'étais pas le plus fort, et je marchai, en disant du fond du cœur: Oh la sotte ville! oh les sottes gens!

La porte du corps-de-garde était déjà obstruée par des amateurs, qui grillaient de voir un mort, et qui se bouchèrent le nez lorsque nous fûmes à vingt pas d'eux. Le sergent tira aussitôt son mouchoir; ses soldats, qui n'en avaient pas, prirent la basque de leur habit : et le factionnaire reçut l'ordre de faire passer de l'autre côté de la rue, de peur de la contagion; précaution qui ne servit qu'à piquer la curiosité, et à augmenter le nombre des spectateurs.

L'homme au cadavre déposa son fardeau sur le lit de camp, s'assit à côté, et ne répondit pas aux interrogations de monsieur le sergent, qui m'interrogea à mon tour, et n'en apprit pas davantage. Il crut, vu l'urgence du cas, pouvoir déplacer monsieur le commissaire, et lui dépêcha monsieur le caporal, militaire d'un talent distingué pour enlever des filles, et déménager leur appartement. Monsieur le commissaire parut bientôt, en robe et en rabat, suivi d'un clerc en habit noir et en cheveux longs; il se disposa à faire la levée du corps dans les règles, et à verbaliser contre qui il appartiendrait. Monsieur le clerc se frotta préalablement les tempes et le creux de la main avec de l'eau de Cologne faite à Paris, et vida magnifiquement son flacon sur le carreau du corps-de-garde; puis il prit la plume, et ininuta le protocole d'usage; après quoi monsieur le commissaire me demanda mon nom, ma profession, et le lieu de mon domicile. Je satisfis à ces questions, qu'il réitéra au spoliateur de sépulture qui ne sonna mot et se mit à rire. « C'est bien le moment, lui dis-je » en lui donnant un coup de coude. » Voilà une affaire qui prend une jolie » tournure... Lesquels, dicta le com- » missaire à son clerc, ont refusé de ré- » pondre, et ont manqué à la justice » en lui riant au nez. » A ces terribles mots, je tremblai d'aussi bon cœur que dans la cour de monsieur Dessein. « Pro- » cédons maintenant à la vérification » du cadavre, continua le commissaire: » tambour, détachez ce linceul. » Le tambour obéit, en faisant la grimace, et le commissaire stupéfait ne trouva qu'un mannequin qu'un peintre de l'académie envoyait à un confrère par un commissionnaire sourd et muet.

Les spectateurs se moquèrent du sergent, de la garde, du commissaire, et de son clerc. Le commissaire se plaignit au sergent de ce qu'il avait compromis la dignité de sa charge; il lui reprocha de lui avoir fait apposer les scellés sur une malle d'argenterie, dans laquelle on ne trouva que des pavés; il lui enjoignit d'être plus clairvoyant, à peine d'être cassé; et pendant que le sergent s'excusait et protestait de la pureté de ses intentions, je sortis du corps-de-garde, au bruit des *bravo* et des battemens de main de la multitude qui aime autant trouver un innocent qu'un coupable, mais à qui il faut des spectacles de quelque genre que ce soit.

Il était à peu près six heures du soir, à ce que je vis en traversant le Pont-Neuf, qui n'est pas très-neuf, mais qui sera le Pont-Neuf tant qu'il plaira au temps et à la Seine de le laisser debout. Je ne savais pas trop ce que Milord penserait de mon absence, ni comment il recevrait mes excuses; je tremblais que Miss ne me soupçonnât d'avoir fait des sottises, lorsqu'au contraire j'en avais éprouvé de tous les genres. L'affection de Milord m'était chère; mais celle de Miss me flattait davantage. J'étais déterminé à faire des miracles pour la conserver, et je sentais que je ne me consolerais pas de l'avoir perdue.

J'appris, en rentrant à l'hôtel, que Milord n'avait pas dîné chez lui, et je fus fort aise d'être dispensé de satisfaire sa curiosité aux dépens de mon amour-propre. Je mangeai un morceau sous le pouce, et j'attendis la voiture, en faisant connaissance avec les gens de la maison. Milord arriva enfin. Je courus à la portière. Miss sauta dans mes bras, Milord s'appuya sur mon épaule, et donna la main à un compatriote à peu près aussi volumineux que lui.

On monta. Milord demanda du punch et des pipes. J'avançai une petite table. Milord s'assit d'un côté, son ami de l'autre; et nos deux penseurs, séparés seulement par un flambeau, et se regardant gravement, la tête appuyée sur les deux coudes, se soufflèrent mutuellement de la fumée au nez, pendant une bonne demi-heure, aux intervalles près où ils puisèrent dans le bowl de quoi fournir à leur abondante expectoration.

Miss s'était assise sur l'ottomane, et avait l'air de travailler. J'avais l'air de ne penser à rien, et je m'approchai de l'ottomane. Je la sentis derrière moi. Je ne sais quoi me disait de m'asseoir ; je ne sais quoi me le défendait; j'étais incertain, embarrassé. On me tira doucement et je me laissai aller. On me demanda, à demi voix, ce que j'avais vu de remarquable dans Paris. Je fus tenté de mentir; je sentis que je ne le pouvais pas : je racontai tout ce qui m'était arrivé, à l'exception de ma leçon de lecture, sur laquelle je glissai, je ne sais pas pourquoi. A chacune de mes catastrophes, Miss répétait : Pauvre Happy ! Et le plaisir d'être plaint de Miss me fit oublier les désagrémens de la journée.

CHAPITRE VIII.

L'influence du Médecin.

La société de Milord se bornait à quelques Anglais assez maussades ; plus un médecin français, âgé d'environ trente ans, d'une figure pleine et agréable ; une perruque, symétriquement peignée et poudrée à blanc, un habit complet de pékin noir, faisaient ressortir la fraîcheur de son teint ; des manchettes de point d'Angleterre tombaient sur sa main potelée, qui caressait un bec de corbin en or, et l'œil s'arrêtait avec complaisance sur un superbe solitaire qu'il portait au petit doigt. Il avait toutes les grâces que peut se permettre un médecin, sans manquer aux bienséances de son état. Il était aimable, spirituel, enjoué ; il savait l'anecdote du jour, parlait avec facilité, parlait de tout et guérissait quelquefois ses malades en les amusant. Il était couru de la cour et de la ville ; il était l'homme qu'il faut nécessairement appeler quand on sait vivre, et qu'on veut mourir décemment et dans les règles.

Il avait reçu un billet de Milord, et il s'empressait de lui venir rendre ses devoirs. Il le félicita de son retour à Paris, se promit de le guérir de son antipathie nationale, essaya de le faire rire, en lui parlant de l'histoire de trois ou quatre femmes que tout le monde connaît, et qui vont tomber dans l'oubli à force de célébrité. Il trouva Miss grandie, embellie ; il baisa la main du petit ange, qui n'en fut pas très-flatté, ni moi non plus.

Après ces préliminaires charmans, il fit un peu le médecin. Il trouva Milord prodigieusement engraissé ; il lui répéta, pour la dixième fois, que l'air opaque de Londres lui était absolument contraire. Il lui rappela qu'il avait maigri régulièrement à chacun de ses voyages à Paris; que la raréfaction de l'air y raréfiait son cerveau; que ses fibres, ses nerfs, ses muscles, etc., y reprenaient leur élasticité, que l'excessif embonpoint visait directement à l'apoplexie; qu'il ne répondait plus de lui s'il retournait en Angleterre; que l'amour de son pays ne devait pas lui faire renoncer à l'amour de lui-même; que la patrie du sage est partout; qu'à la vérité les Français sont des fous, mais que leur folie est aimable, et qu'au pis aller il vaut mieux vivre à Paris par raison, qu'aller mourir à Londres par système.

Quel est le malade qui ose contester quelque chose à la Faculté? On rit de la médecine, on plaisante le médecin, on lui prodigue l'épigramme, le sarcasme; on fait l'esprit-fort quand on a des témoins. Le médecin se venge dans le tête-à-tête ; il tranche, il ordonne, il tue ; le malade s'humilie, obéit et meurt. Milord écouta le docteur sans emportement ; il se montra même docile et soumis ; mais il éclata, quand celui-ci lui proposa de vendre son bien, de placer ses fonds en France, et de s'y fixer à jamais. Le docteur insista ; Milord se défendit. Il objecta le ridicule dont il se couvrirait aux yeux de ses compatriotes ; il représenta que sa conduite serait en opposition avec ses principes, et qu'un sage ne compose jamais avec son intérêt personnel. Le docteur lui répliqua que son entêtement, qu'il qualifiait de sagesse, le conduirait à la fin déplorable de M. Edmond. Milord demanda ce que c'était que M. Edmond. C'est, répondit le docteur, un homme opulent, d'une probité sévère, de mœurs austères, d'un esprit éclairé, qui vient de mourir à l'Hôtel-Dieu, uniquement pour avoir été trop sage. Cela ne se peut pas, reprit Milord. Voici son histoire, continua le docteur.

Le danger d'être trop sage.

Edmond avait vingt ans. Sa figure était de celles qui préviennent d'abord; sa taille était haute et dégagée; la meilleure éducation avait développé le plus heureux naturel, et il joignait à ses agrémens personnels trente mille livres de rente. Edmond, par conséquent, était l'idole de sa petite société. Les mères qui avaient des fils le leur proposaient pour modèle : celles qui avaient des filles le leur souhaitaient pour mari ; et les filles, qui jugeaient un mari nécessaire à leur vertu, regardaient Edmond du coin de l'œil. Tout cela était très-naturel.

Edmond, jaloux de plaire à tout le monde, jouissait des éloges qu'on lui prodiguait, et s'efforçait d'en mériter de nouveaux. C'est en se rendant maître de soi, disait-il, c'est en subjuguant ses passions, que l'homme, devenu sage, peut se rendre essentiel. Oh! je vaincrai les miennes; et si mes talens, ma fortune et mes amis me font espérer un état brillant, la fougue de la jeunesse ne sera point un obstacle à mon avancement.

Ainsi raisonnait Edmond. Il croyait nécessaire d'anéantir des penchans naturels, de surmonter une passion dont la première étincelle embrasait son ame. Son cœur, sans objet qui le déterminât, éprouvait le besoin d'aimer, besoin si doux, et qu'il est si doux de satisfaire! Fatales passions dont le feu circule dans mes veines, vos efforts seront inutiles. Je vous vaincrai, sans doute, disait le pauvre Edmond, car je le désire sincèrement, et j'y travaillerai de toutes mes forces.

La jeunesse est enthousiaste. Edmond, satisfait de lui-même, jouissait des victoires qu'il allait remporter, et il se livrait au délire de son imagination. Il se montrait moins souvent; sa conversation devint plus sérieuse; il fut réservé auprès du sexe; il renonça à ces jeux innocens dont il était l'ame, et qui suffisaient à une société qui savait s'amuser encore sans jouer et sans médire. Edmond enfin, plus estimé peut-être, était trouvé moins aimable; et les jeunes filles, qui s'étaient tant plues avec lui, avouèrent, avec un soupir, qu'Edmond était un sage, et qu'un sage de vingt ans est un être bien insipide.

Edmond se voyait moins fêté, il en avait du chagrin; mais il tâchait de se suffire à lui-même, et il ne concevait pas par quelle contradiction on prêche la sagesse, et on fuit les sages.

Edmond parvint à cet âge où il ne

suffit plus d'être aimable. La qualité de citoyen impose des devoirs; la considération s'accorde à qui les remplit. Edmond sentait tout cela; il brûlait d'être utile; mais il entrait dans son système de vivre sans ambition. Il voulait mériter la confiance publique; mais il croyait que la solliciter c'est s'avilir. Ses amis avaient du crédit, mais il fallait appuyer leurs démarches, implorer des protecteurs, employer la brigue, acheter le droit de rendre service à la patrie, obtenir enfin, par des manœuvres sourdes, le prix du mérite, qu'on arrache souvent à l'homme respectable pour le donner au caprice. Edmond aurait rougi de s'abaisser à de pareils moyens. On lui représentait en vain que l'homme sensé se plie aux travers de son siècle. Il prétendait que le siècle devait se réformer comme il travaillait à se réformer lui-même. Qu'arriva-t-il ? Edmond, zélé pour le bien public, capable d'y contribuer par ses talens, vécut inutile et ignoré. Il attendit le moment de se faire connaître; ce moment ne vint pas, et il passa sa vie à chercher pourquoi il faut être inutile au monde, quand on veut vivre sans ambition.

Edmond, sans état, était souvent oisif, et l'oisiveté amène l'ennui. Il n'était plus aimable; il n'avait jamais été prodigue; il lui restait à peine quelques liaisons. Il sentit que l'homme n'est pas né pour vivre seul, et que la femme est sa société naturelle. Oh! disait-il, j'aurai une femme, car ma religion veut que je multiplie, et j'ai de grandes dispositions à l'accomplissement du précepte.

Pour bien choisir, il faut voir. Edmond se rapprocha insensiblement du monde qu'il avait fui. Le désir de plaire lui rendit cette affabilité, cet air de gaîté qui lui étaient naturels; et à mesure qu'il se livrait aux autres, les autres revenaient à lui. Bientôt il fut empressé, tendre même auprès des belles. Comme il était riche et beau, on se sentait disposé à l'aimer; et chacune de ces petites créatures, attribuant son retour à l'effet de ses charmes, lui savait gré de l'effort, et était prête à l'adorer. Edmond n'avait qu'à jeter le mouchoir.

Il les aurait épousées toutes, tant il était généreux ! Un peu de philosophie venait à l'appui de la commisération. Il venait d'éprouver que l'uniformité entraîne toujours l'ennui, et il n'est pas de diversité plus agréable que celle des femmes. Mais les mœurs se soulevaient contre cet affreux système, et Edmond aima mieux s'en tenir à une seule, et s'ennuyer toute sa vie avec elle, que de renoncer au titre sublime de sage. Il trouvait pourtant étrange qu'il fallût prodiguer les preuves du plus tendre amour à quelqu'un pour qui l'on n'en a plus; mais il se résignait en songeant que la sagesse le veut ainsi.

Edmond ne pouvant avoir sept à huit femmes, voulut au moins en avoir une bonne, c'est-à-dire en avoir une qui lui convint. Il examina celles qui s'offraient à lui, avec le flegme de la raison. Celle-ci est belle, disait-il, mais elle est altière; son mari serait son premier valet. Passons à une autre. La taille de celle-là est parfaite; sa gorge paraît formée par l'amour; ses mains éblouissent par leur blancheur; ses yeux noirs et languissans promettent un cœur tendre, mais elle est bête; la beauté passe promptement, il faut qu'il reste quelque chose à mon épouse. Les soirées sont longues l'hiver, les nuits de l'hymen sont froides; je parle peu, il me faut une compagne qui parle pour deux. Je trouverai cela aisément; mais je veux qu'elle parle bien, et cela n'est pas si commun. Poursuivons.

Cette enfant, trop simple encore pour lire dans son cœur et cacher ses sentimens, a du plaisir à me voir et me regarde sans cesse. Sans le vouloir, sans y penser même, elle est toujours près de moi; dans nos jeux, sa main est souvent dans la mienne. Elle est jolie à quinze ans, et pourra être belle à vingt-cinq. Elle a des talens, de l'ingénuité, et ses saillies annoncent un esprit qui n'a besoin que d'être cultivé. Tout cela est charmant; mais son caractère n'est pas décidé, et sais-je ce qu'il deviendra? Qui m'assurera que cette femme, qui m'adore aujourd'hui, ne sera pas demain mon fléau? D'ailleurs, elle aura vingt mille livres de rente, et l'opulence corrompt les mœurs. Passons, passons.

Cette grande femme n'est pas jolie; mais sa figure est agréable. Elle n'est pas des mieux faites, et cependant elle a des grâces; elle a de l'esprit et ne s'en doute pas; elle est mise simplement, mais avec goût; elle est pauvre; oh! tant mieux, tant mieux! elle ne sera pas orgueilleuse; elle m'amusera sans me mépriser, parce que mon imagination est moins vive que la sienne. Un extérieur décent annonce, dit-on, une ame honnête : elle ne sera pas entourée d'une jeunesse brillante, qui jouirait de ma femme pendant que je m'ennuierais chez moi; elle me sera unie par le double lien de la reconnaissance et de l'amour. Alexandrine, vous aurez la préférence.

Alexandrine s'aperçut de son triomphe, et son amour-propre en jouit. Il est si doux d'humilier ses compagnes, de renoncer au triste et pénible rôle de vieille fille, de recevoir une existence de l'hymen, d'avoir un mari jeune, beau, bien fait et riche! Tous les sens y trouvent leur compte. Alexandrine saisissait toute l'étendue de ces avantages, et elle aimait déjà beaucoup l'être charmant à qui elle allait les devoir.

Cependant Alexandrine n'avait pas vécu pendant vingt-cinq ans sans s'apercevoir qu'elle avait un cœur, et de l'amour à la faiblesse le pas est si glissant! Un petit magistrat, espèce de bel-esprit, bien empesé, bien lourd, avait plu, il y avait dix ans au moins, à la faveur de quelques plats madrigaux, qu'Alexandrine trouvait charmans, parce qu'ils faisaient son éloge. L'homme de robe avait fait quelque temps sa cour à une vieille tante pour approcher de la nièce. Au moyen de quelques tendres complaisances envers la douairière, il avait acquis la familiarité de la jeune personne; et à force de se répéter qu'ils s'aimaient, ils en étaient venus tout simplement à se le prouver.

Cet arrangement fut toujours caché, parce qu'un robin doit être discret et prudent, et on sait que les gens de robe remplissent exactement leurs devoirs. Alexandrine s'ennuyait quelquefois, et de son amant, et de son air guindé, et de sa robe, et de ses madrigaux. Mais elle sacrifiait à l'habitude; et puis c'était une fille nonchalante, que l'idée d'une nouvelle intrigue effrayait. Elle vivait donc avec son petit robin, sans amour et sans haine, quand le sage Edmond lui offrit son cœur et sa main.

On sent bien que l'habitude ne tint pas contre des offres aussi brillantes. On voulut rompre avec le magistrat; celui-ci prétendit garder sa conquête: il y avait presque prescription. On s'échauffa mutuellement, et on finit par s'apercevoir qu'on n'était pas seuls. On convint d'un rendez-vous pour le soir, parce qu'une rupture de cette importance ne pouvait pas se faire sans explications.

Rien n'échauffe un amour presque

éteint, comme l'infidélité d'une maîtresse. Le robin arrive à l'heure indiquée, plus tendre et plus pressant que jamais. Le désordre de ses sens ne lui permettait pas d'entendre Alexandrine. Elle jugea très-sagement qu'il fallait les calmer pour le rendre attentif.

Edmond croyait qu'il faut aimer sa femme, et il se passionnait pour sa future. Il savait qu'il faut paraître empressé, et il résolut de passer l'après-souper avec sa belle. L'obscurité, le silence de la nature, prêtent un charme aux discours des amans. Edmond savait cela à merveille quoiqu'il fût sage. Il frappe à la porte de sa maîtresse. D'abord mademoiselle est sortie : Edmond veut s'en assurer. On ajoute d'un air indécis que mademoiselle est occupée, qu'elle ne veut voir personne. Edmond croit que la défense ne peut le regarder. Il écarte doucement la suivante, et entre chez Alexandrine. Il ne trouve personne, et marche vers une autre chambre. Un soupir se fait entendre ; Edmond retourne sur ses pas, tire les rideaux du lit, et voit le magistrat travaillant de tout son cœur à pouvoir écouter ce que la belle aurait à lui dire.

Tout autre qu'un philosophe aurait fait un bruit affreux. Edmond s'en fut paisiblement chez lui, et ne comprenait pas pourquoi, dans une foule de femmes, il est impossible à un sage d'en trouver une qui lui convienne.

Edmond, méprisant le sexe, et croyant le haïr, rompit encore avec le monde, et la retraite l'excéda de nouveau. Que je suis à plaindre, se disait-il ! Je vois tous les hommes satisfaits, au moins quelquefois ; moi seul, je suis toujours malheureux. Plus je deviens sage, et plus je suis à charge à moi-même. Ah ! sans doute, je n'ai point fait encore assez de progrès dans l'étude de la sagesse. Les commencemens sont rebutans en tout genre. La félicité doit être le prix de la perfection : il faut redoubler mes efforts pour devenir parfait.

Pendant ce monologue, un homme aborda notre sage. Il lui avait parlé trois fois au plus; il avait besoin de vingt mille francs, et il lui donnait la préférence : que cela était flatteur pour Edmond ! Je vais donc être bienfaisant, pensait-il, et ce jour ne sera pas perdu pour la sagesse. La raison lui criait en vain : La bienfaisance est la plus belle vertu de l'humanité ; mais l'impudence des hommes est extrême, et l'on demandera toujours à qui ne refuse jamais. Edmond rejette ce conseil, embrasse l'inconnu, et lui dit : « Je vois que vous
» êtes vraiment mon ami, car vous avez
» recours à moi dans l'adversité. Je n'ai
» pas vingt mille francs, mais j'ai des
» contrats. Prenez celui-ci, engagez-le,

» et que j'aie une fois en ma vie contri-
» bué au bonheur d'un galant homme. »

Son ami le laissa pénétré du plaisir d'avoir fait une bonne action, et ne concevant pas comment l'homme avide pouvait se le refuser.

Edmond, s'ennuyant un jour plus qu'à l'ordinaire, s'avisa d'aller demander à dîner à l'homme aux vingt mille francs. Il était sorti; mais notre philosophe fut reçu par une femme de dix-huit ans, qui joignait à une beauté parfaite tous les attraits des grâces. On l'accueillit comme quelqu'un à qui on a de grandes obligations. Sa figure, sa taille, son air, n'échappèrent point à la petite personne, qui le mesura d'un coup-d'œil, et le résultat de l'examen fut un surcroît de politesses.

Hortense était sage; mais elle était tendre. Son mari était vieux, laid, bizarre. Il était naturel qu'elle vît Edmond avec plaisir, et de son côté le philosophe trouvait son hôtesse charmante. La conversation s'anima. Une femme peut être spirituelle avec modestie, enjouée sans indécence : Edmond convenait de tout cela, et sa vertu n'était pas alarmée. Vers la fin du repas, il crut apercevoir dans les yeux d'Hortense l'expression de la tendresse, et il se sentit ému. La dame vit son trouble; il fit naître sa confiance, et, sans s'interroger sur la nature de ses sentimens, elle se livrait au charme qui l'entrainait. Le même feu embrasait avec rapidité le cœur sensible d'Edmond, et il se disait : Pourquoi est-elle la femme de mon ami!

On quitte la table, et Hortense se met sur sa chaise longue : c'est un de ces meubles qu'une femme qui entend ses intérêts a toujours à sa disposition. La coquetterie l'inventa, et la coquette s'en sert à plus d'un usage. C'est de ce poste avantageux qu'Hortense attaquait le sage Edmond. Un bras arrondi soutenait négligemment sa tête, et des regards de flamme allaient se fondre dans le cœur du philosophe. Deux globes arrondis par l'amour, se laissaient voir en partie, et laissaient soupçonner des charmes plus intéressans encore. Une jambe faite au tour, et qu'on ne pensait plus à cacher, l'abandon de la volupté, tout contribuait à perdre Edmond, et la tête lui tourna tout-à-fait. Il tombe aux genoux d'Hortense; il se tait, mais elle entend. Le silence est le plus doux langage des cœurs qui sympathisent; ils jouissent dans le recueillement.

Le philosophe devint plus entreprenant, Hortense se montrait plus facile; elle ne combattait plus que pour mettre un prix à sa défaite. Déjà cet aimable couple épuisait ces tendres caresses, délicieux précurseurs du plaisir, plus doux peut-être que le plaisir même... Tout-à-coup Edmond se souvient qu'il a fait vœu d'être sage. Frémir du danger où il est exposé, se dégager des bras d'Hortense, et fuir, est l'ouvrage d'une seconde. Hortense, restée seule, pleura, et cela devait être ainsi : il est si dur pour une femme qui pense d'oublier sa vertu, et de l'oublier en pure perte !

Edmond, en s'en allant, s'applaudissait de sa victoire, et ne concevait pas qu'on pût faire son ami cocu. Plein de désirs et d'amour, occupé de l'image séduisante d'Hortense, il marchait tristement, la tête baissée. On l'arrête, il se retourne. Une inconnue, dans sa première jeunesse, moins belle qu'Hortense, mais plus piquante, qu'une gaîté folâtre animait, qui semblait n'exister que pour le plaisir, attaqua le pauvre Edmond dans tous ses sens : il était déjà plus qu'à demi vaincu : il fut aisé d'achever sa défaite. La sagesse a ses bornes, et les forces du philosophe étaient à bout. Flore l'enchante, le persuade, l'entraîne ; il est introduit dans le temple de l'amour.

La déesse du lieu en fit parfaitement les honneurs. Le scrupule, une fois vaincu, est bientôt méprisé. Edmond passa plusieurs heures dans l'ivresse du plaisir. Enfin il revint à lui, rougissant de sa faiblesse. Un instant avait ruiné sa vertu, confondu sa philosophie. Il sortit en gémissant de ce lieu de débauche, et se demandait comment un sage, qui a résisté à une femme adorable et décente, cède aux séductions d'une catin.

Edmond fut reçu chez lui par un homme qui lui présenta humblement quelques papiers. Il est tout simple que l'homme aux vingt mille francs ne s'était pas borné à un premier emprunt. On se doute bien que d'autres amis, aussi solides, avaient souvent procuré à Edmond la satisfaction d'être bienfaisant. Il était trop délicat pour avoir pris des sûretés : il avait affaire à des amis. D'ailleurs, aurait-il souffert que son nom fût cité au barreau pour des affaires d'intérêt? il faisait profession du plus parfait désintéressement.

Son amour pour l'étude ne lui avait pas permis d'administrer son bien; à peine connaissait-il sa fortune.

Cependant ses bons amis avaient emprunté les deux tiers de ce bien. Une mauvaise administration, la friponnerie de ses domestiques, des marchands, des ouvriers, avaient absorbé l'autre tiers. Edmond ne se soutenait plus que par son crédit, et ne s'en doutait pas. Le bruit de sa sagesse prodigieuse se répandit partout : tout le monde, excepté lui, savait qu'il était ruiné.

Comme on est convenu qu'il est inutile d'avoir des égards pour un homme ruiné, des gens qui avaient profité de ses dépouilles, et à qui il était redevable de modiques sommes, lui députèrent l'homme dont il est parlé ci-dessus. Cet homme était un huissier, et ses papiers des exploits.

Edmond reçut la nouvelle de sa ruine avec une résignation stoïque : « Voilà, » s'écria-t-il, le moment où je recueil-» lerai le fruit de mes travaux : c'est » dans l'adversité que brille particuliè-» rement un sage. » L'huissier, qui n'entendait rien à ce galimatias, le supplia de lui compter huit mille sept cent soixante-quatre livres six sous trois deniers. « Mon ami, lui dit Edmond, j'ai » confié mon bien aux malheureux qui » en ont eu besoin, et je ne ferais pas » attendre mes créanciers après des » sommes légitimement dues, s'il dé-» pendait de moi de les payer. En vertu » donc, reprit l'huissier, d'un petit » mot de sentence, dont voilà la signi-» fication, vous voudrez bien me sui-» vre. » Edmond fut étonné un moment; mais la sagesse rentrant bientôt dans ses droits, il quitta, sans le plus léger serrement de cœur, ses dieux domestiques, et il disait en suivant l'honnête huissier : « Qu'il est beau de » souffrir pour la vertu ! mais qu'il est » singulier que la vertu me conduise » en prison! »

Après avoir souffert huit jours de la meilleure grâce du monde, Edmond sentit que la liberté est le premier des biens, et il regretta de l'avoir perdue. Quelle faiblesse pour un sage! il la combattit vingt-quatre heures, et céda enfin malgré lui à l'évidence et à la nature.

Il se donna la peine de chercher les noms de ses bons amis, qui lui devaient des sommes considérables : il s'abaissa à leur écrire, non pas en suppliant; il écrivit en homme qui redemande son bien, et qui croit assez à la probité pour être persuadé qu'on le lui rendra à sa première réquisition. Les plus honnêtes lui firent dire qu'ils y penseraient, d'autres qu'ils ne savaient de quoi il était question, et le plus grand nombre ne lui fit rien dire du tout.

Alors la vertu d'Edmond s'aigrit considérablement; il fit venir un procureur, et le mit au fait de ses affaires : « Votre
» cause est excellente, lui dit le procu-
» reur; donnez-moi vos billets. Hélas!
» répondit Edmond, je n'en ai pas;
» mais il est sûr que j'ai prêté environ
» quatre cent mille francs à mes amis.
» Votre affaire est *imperdable*, reprit
» le procureur. Donnez-moi de l'ar-
» gent, car les préliminaires d'un procès
» coûtent beaucoup. Eh! je n'ai plus
» rien, répliqua le malheureux Ed-
» mond. En ce cas, s'écria le procu-
» reur, votre cause ne vaut pas le
» diable, » et il s'en fut.

Edmond ne se dissimula plus l'horreur de sa situation ; et l'adversité lui parut d'autant plus dure qu'il y était peu

accoutumé. Il faisait à ce sujet des réflexions très-bonnes, mais très-tardives, quand il ressentit les premières atteintes d'un mal dont jusqu'alors il n'avait connu que le nom. Il se souvint de Flore, et s'écria dans l'amertume de son ame : « Ah ! cet ami qui m'aban-
» donne.... cet ami si peu digne de ma
» délicatesse.... si je l'avais fait cocu,
» je ne pleurerais du moins que ma li-
» berté ! O Providence, que tes voies
» sont cachées ! Toutes les vertus me
» sont funestes, et la vérole est le prix
» de ma chasteté. »

Cependant le mal faisait des progrès rapides, et on envoya à Edmond le chirurgien chargé de rendre la santé aux prisonniers. Celui-ci, ainsi que beaucoup de ses confrères, avait la méthode de leur prodiguer des remèdes qui ne coûtent rien, qui ne valent rien, et au moyen desquels le malade guérissait s'il pouvait.

Ainsi, la vérole d'Edmond allait son train, en dépit du carabin, qui faisait semblant de vouloir l'extirper. Ses créanciers craignirent qu'on ne les obligeât à le traiter selon les lois de l'humanité, ce qui eût ajouté aux frais de détention. Ils relâchèrent leur prisonnier, qui ne concevait pas qu'il pût résulter un bien de la vérole.

Edmond avait trop d'amour-propre pour habiter une ville qui avait vu son opulence, sa sagesse, son désastre et sa vérole. Il se traîna à un bourg éloigné de quelques lieues, et célèbre par son hôpital. Edmond ignorait qu'il y eût là un hôpital ; mais celui-ci se présentait à propos, et notre sage y entra.

Le chirurgien-major, voyant une maladie compliquée, qui pouvait lui faire honneur, reçut le malade avec plaisir, lui donna tous ses soins, et le guérit radicalement. Il ne lui en coûta que cinq ou six dents.

Edmond sortit de l'hôpital, très-sain de corps et très-malade d'esprit. Il ne prévoyait qu'une continuité d'infortunes, dont la perspective l'accablait. Il faisait des réflexions amères sur l'insuffisance de la sagesse, et il gémissait sur les maux qui dévorent notre malheureuse espèce.

Edmond était vêtu proprement, et c'est tout ce qui lui restait de sa splendeur passée. Il vendit son habit, qui ne lui donnait pas à dîner, et prit tristement le chemin de Paris. Arrivé dans cette ville, il se fit annoncer chez ses protecteurs. Mais il avait autrefois refusé leurs bons offices, et on l'avait oublié. Il était devenu pauvre, et il n'inspirait plus le moindre intérêt. On ne lui montra qu'une compassion froide et insultante, qui l'irrita tout-à-fait contre la sagesse. Il commença à maudire tout de bon la manie qu'il avait eue d'être sage.

La misère, le chagrin, l'inquiétude, enflammèrent enfin le sang d'Edmond, et on le porta à l'Hôtel-Dieu avec une fièvre violente. On le coucha entre un goutteux et un hydropique. Le goutteux l'empêchait de dormir, l'hydropique l'infectait, et en deux jours il fut à toute extrémité. Une religieuse charitable, attentive aux progrès du mal, jugea qu'il était temps d'appeler un confesseur. Celui qu'on donna à Edmond était, à ses préjugés près, un homme assez raisonnable.

Il écouta patiemment notre philosophe, qui fut long, diffus, et se répéta souvent, comme font les malheureux ; enfin, il lui dit : «. L'homme raisonna-
» ble ne cherche pas à détruire ses pas-
» sions, mais à les régler. Sans elles,
» il n'est point de bonheur. C'est un pré-
» sent du ciel, qui peut devenir funeste ;
» mais l'homme sans passion, serait
» réduit à la simple végétation, et mé-
» connaîtrait le prix de son être. Mon
» ami, celui qui veut atteindre à la per-

» fection se croit égal à Dieu, et n'est
» qu'un fou. Elle n'est pas le partage de
» l'homme ; et les excès, dans la vertu
» comme dans le vice, mènent à l'in-
» fortune. Consolez-vous cependant :
» Dieu juge les hommes selon leur cœur,
» et il vous récompensera. Vous allez
» entrer dans sa gloire, et une félicité
» sans bornes et sans fin attend votre
» ame immortelle. — Hélas ! dit Ed-
» mond, je veux bien croire à mon ame
» immortelle, je veux bien croire à la
» félicité des élus ; mais je n'en ai pas de
» certitude physique, et je suis physi-
» quement sûr que j'ai été inutile à mes
» concitoyens, que j'ai vécu sans fem-
» me, que mes amis m'ont ruiné, que
» j'ai été emprisonné, que j'ai eu la vé-
» role, que tout le monde m'abandonne,
» et que je vais mourir à l'Hôtel-Dieu
» pour avoir été trop sage. »

« Cet Edmond n'était qu'un sot, s'é-
» cria Milord. Précisément, répondit

» le médecin. — Et quels rapports trou-
» vez-vous entre moi et cette ridicule
» personnadge? — Deux chemins diffé-
» rens conduisent quelquefois au même
» but : Edmond est mort par amour pour
» la sagesse, vous mourrez par amour
» de l'Angleterre, et vous serez morts
» tous deux pour avoir tenu à vos opi-
» nions. Que diable voulez-vous donc
» que moi fasse? reprit Milord. Rester
» avec nous, répliqua le docteur; mon-
» ter à cheval jusqu'à ce que vous puis-
» siez courir à pied; fumer beaucoup;
» boire peu; trouver bon qu'on vous
» fasse rire; jouir de vous-même; vous
» amuser de tout et arriver le plus tard
» que vous pourrez au terme où vous
» rendrez à la nature la portion de ma-
» tière qu'elle vous a prêtée. »

Milord se tut, se mit dès le lendemain au régime qui lui était prescrit, et son médecin ne désespéra pas d'en faire enfin un Français.

CHAPITRE IX.

Je ne suis plus un enfant.

Je menais une vie douce et tranquille; un mot, un regard de Miss, me rappelaient à mon devoir, quand la légèreté naturelle à mon âge m'en avait écarté. Son amitié me consolait des petits chagrins que me donnait quelquefois l'humeur brusque et inégale de son père, et le désir de leur plaire à tous deux me rendait le travail facile et agréable.

Milord avait donné à sa fille des maîtres de musique et de dessin. Je n'assistais d'abord aux leçons, que parce qu'elles me donnaient un prétexte de rester auprès de Juliette, de la voir et de lui parler. Mais ses progrès eurent bientôt piqué mon émulation. Je crus que je pourrais apprendre la musique et le dessin tout comme un autre; je me flattai que Miss me saurait gré de mes efforts. En conséquence, dès que j'étais seul, je prenais les crayons; j'ouvrais le piano, j'exécutais ce que Miss avait fait à la leçon précédente; je me rappelais assez exactement les préceptes des maîtres, lorsque je pouvais prendre sur moi d'oublier Miss pour les écouter, et mon infatigable assiduité et mes réflexions suppléaient à ce qui m'était échappé.

J'avais lu et relu le livre que Miss m'avait donné. Mademoiselle Fanchon n'avait plus rien à m'apprendre. Je sentais qu'il me fallait un autre maître; je ne savais où le prendre, ni comment le payer. Cela m'inquiétait; mais j'étais exact auprès de Fanchon, par habitude et par reconnaissance. Je lui lisais un jour quelques pages d'Hippolyte, comte de Douglas, que lui avait prêté une cuisinière de ses amies. L'attention que je donnais à ma lecture m'absorbait tout entier. Milord rentra avec sa fille, et leur voiture était arrêtée à la porte de l'hôtel sans que je l'eusse vue ni entendue. Fanchon me poussa; je levai la tête, j'accourus. Miss était descendue, cela me fit de la peine; elle ne me regarda point, cela m'alla au cœur; elle monta avec son père, je montai après eux. Miss entra dans sa chambre, j'y entrai après elle; elle fit plusieurs tours, passait, repassait auprès de moi, se dérangeait pour m'éviter, agissait pour agir, paraissait tourmentée, et, après quelques irrésolutions, elle se disposa à sortir. J'étais en face de la porte, elle me poussa de la main; sa main trouva la mienne, et elle me regarda; des larmes roulaient dans mes yeux, et elle s'arrêta. «Que faisiez-vous, » me dit-elle, auprès de cette jeune » fille?—Je lisais.—Et pourquoi au-

» près d'elle? — Elle a la bonté de me
» montrer. — Elle est bien, cette fille-
» là. — Je ne m'en suis pas aperçu. —
» Ce n'est pas là le maître qu'il vous
» faut. » Elle glissa un louis dans la poche de mon gilet, et rentra dans le salon.

Le lendemain de grand matin, j'achetai du papier et des plumes. Je parcourus les rues adjacentes; je découvris un maître, et je m'arrangeai avec lui. En revenant, j'entrai chez une lingère, et je choisis un bonnet rond, orné d'une petite dentelle; je le payai six francs. Je l'offris à Fanchon, qui le reçut de bonne grâce; je la remerciai, et je ne lui parlai plus.

J'avais remarqué la boutique d'un libraire, qui louait des livres au mois : je m'abonnai. Mon goût pour la lecture devint une passion, à mesure que je lisais des choses qui parlaient à mon esprit et à mon cœur. J'étais sans guide dans le choix des ouvrages; je n'en connaissais aucun, et je ne pouvais me décider sur le titre. J'ouvrais le livre par le milieu, j'en parcourais quelques pages; mon oreille décidait du style, ma raison du sujet, et je me trompais rarement.

Au bout de quelques mois je connaissais les meilleurs auteurs, j'écrivais très-passablement, j'exécutais une sonate avec facilité, et je dessinais correctement une tête. Personne au monde ne soupçonnait ce que je savais faire. J'avais eu la force de cacher mes progrès à Miss, et je me préparais en secret au plaisir de la surprendre, en faisant éclater tous mes talens à la fois. Cependant je ne pus vaincre le désir de lui faire connaître que j'avais un maître, et que ce maître n'était plus mademoiselle Fanchon. Il me parut indispensable de lui faire voir mon écriture. Fanchon ne savait pas écrire, Miss ignorait cela;

mais je le savais, et j'agis comme si Miss eût été à l'école de mademoiselle Fanchon. Deux ou trois fois je pris mon papier, et j'allais le lui présenter; mais il y avait des pages un peu négligées, des pâtés par-ci, par-là, et son nom se trouvait à peu près partout. J'achetai une feuille de papier à lettre, dorée sur tranche; je pris ma plume neuve, et j'écrivis au milieu de la feuille, et bien mieux que je n'avais fait jusqu'alors :

Voilà l'usage que je fais de vos bienfaits.

Je lus, je relus. J'examinai toutes les lettres, les unes après les autres, et je prononçai que je pouvais avouer cela. J'entrai, à la dérobée, dans le cabinet de toilette, je plaçai mon papier devant la glace, et je me cachai dans une garde-robe. C'était l'heure où Miss se coiffait. J'étais sûr qu'elle ne tarderait pas, et je voulais voir quel effet pro-

duirait mon écriture. Miss entra, ainsi que je l'avais prévu, elle s'assit, et aperçut le papier. Elle le prit, le regarda, le remit, le reprit encore, et dit : « C'est
» bien, c'est très-bien... Pauvre Happy !..
» un bon cœur, de l'esprit, une figure...»
Elle baissa la voix, et je n'entendis pas la fin. Elle ploya mon papier en quatre, tira son porte-feuille et le serra. Cela me fit un plaisir.... mais un plaisir ! elle prit quelque chose dans sa poche, elle en fit un petit paquet, écrivit quelques mots sur le dessus, se coiffa, se leva, sortit de son cabinet, et moi de la garde-robe. J'approchai de la toilette. Le petit paquet était à l'endroit même où j'avais placé mon papier : je le pris et je lus :

A celui qui sait employer son argent.

Je le mis dans mon sein, et je courus dans ma chambre. Je m'assis sur mon lit, et je tirai le petit paquet. Elle m'a répondu ! m'écriai-je ; elle a daigné me répondre ! Ouvrons. J'ouvris, je trouvai trois louis, et je soupirai. Je repris l'enveloppe, je la portai sur mon cœur, je la collai sur mes lèvres, et je l'attachai au-dessus de mon chevet. Je la lirai, disais-je, en me couchant, en me levant, et elle me fera souvenir de bien faire. Je descendis. Miss me regarda d'un air qui me fit croire qu'elle avait quelque chose à me dire : je me mis à la croisée. Elle fit un tour ou deux dans le salon, se mit à côté de moi, et me dit bien bas : « Ma réponse » est sur ma toilette. — Je l'ai prise, » lui répondis-je, et je vous en remer- » cie. — Par où avez-vous passé ? Je » ne suis pas sortie d'ici. » J'avouai la petite ruse que j'avais employée pour m'assurer qu'elle trouverait mon papier. Elle rougit............ « Happy, me » dit-elle, je vous défends d'être au- » près de moi sans que je le sache. »

Son père toussa, et nous nous retournâmes.

L'anniversaire de la naissance de Milord approchait. J'avais célébré la précédente comme un polisson ; je me préparai à celle-ci comme un jeune homme qui cultive les arts. Après avoir cherché tous les moyens de faire quelque chose qui fût agréable à Milord, avoir conçu vingt projets, y avoir ôté, ajouté, les avoir abandonnés, je jugeai que rien ne le flatterait autant que son portrait. Milord avait des traits prononcés, le front droit, le sourcil épais, le nez retroussé, la bouche grande, et un double menton ; sa perruque coupée devait aider à la ressemblance : j'eus l'audace de croire la chose facile, et la présomption de l'entreprendre. Je commençai un profil au crayon. Je corrigeais, j'effaçais, je recommençais. Milord était présent à ma mémoire, je croyais le voir, et je ne faisais rien de bien. Cependant je ne me décourageai point; j'avais quinze jours devant moi. Je recommençai tant et tant, que je saisis enfin la ressemblance. Je calquai mon trait avant de commencer à ombrer, et bien m'en prit. Lorsque j'eus fini ma tête, elle ne ressemblait pas plus à Milord qu'à moi. J'en ombrai une seconde, et j'y trouvai quelque chose. J'en fis une troisième, où j'attrapai l'œil et son pourtour. Dans la quatrième je saisis la bouche. Je pris un peu de l'une un peu de l'autre, et je fus content de moi. J'entourai mon buste d'une guirlande de fleurs, et je mis dessous ces deux vers de ma composition.

> Pour ce premier essai ayez quelque indulgence.
> Mon crayon fut conduit par la reconnaissance.

L'idée me parut très-jolie, et les vers admirables, quoiqu'il y ait un *hiatus*, à ce que m'a appris depuis la poétique de Gaillard. Je ne me lassais pas d'admirer mon ouvrage. La tête me paraissait parfaitement dessinée, le crayon moelleux et bien fondu. Je fis mettre mon chef-d'œuvre dans une bordure dorée, sous un verre de Bohême, et je le cachai jusqu'au moment où il devait paraître aux yeux des convives émerveillés.

Le matin de ce grand jour, j'accrochai le portrait derrière un grand tableau qui décorait la salle à manger, et je m'occupai des objets relatifs à mes fonctions ordinaires. Milord avait ordonné un repas somptueux, et il avait invité ses amis de l'Angleterre et son cher médecin. Miss avait engagé quelques dames qu'elle voyait habituellement. La société devait être nombreuse, et cependant choisie, et on se promettait de s'amuser. A deux heures Miss parut au salon, parée de tout ce qui

pouvait relever sa figure enchanteresse. Elle examina mes dispositions, les trouva pleines d'intelligence et de goût, et me dit qu'elle avait une confidence à me faire. Nous passâmes dans une autre pièce, où elle m'apprit qu'elle avait préparé une petite fête pour son père. « J'écris mal,
» dit-elle, mais je pense bien : papa
» laissera le style, et saisira la pensée.
» Mes petits vers doivent être répétés
» par de jeunes personnes de la con-
» naissance de nos dames. Elles n'ar-
» riveront qu'au dessert : c'est le mo-
» ment de la poésie et du chant. Elles
» seront accompagnées par quelques
» jeunes gens qui auront des instru-
» mens. On fera un petit concert, et
» la journée se terminera peut-être par
» quelques contredanses. Papa entre
» rarement ici : faites-y dresser une
» table ; qu'elle soit chargée de
» fleurs, de fruits, de pâtisserie et de

» rafraîchissemens : je veux régaler
» mes acteurs. Je compte sur vous,
» mon cher Happy. De la promptitude,
» et surtout de la discrétion. » Elle me
donna sa bourse, et me laissa.

En moins d'une heure, le limonadier, le confiseur, le pâtissier et la fruitière, m'arrangèrent un ambigu charmant. Une heure après, j'avais des guirlandes de roses montées sur des cerceaux, et des corbeilles garnies pleines de fleurs de toute espèce. A quatre heures les convives arrivèrent, et, après les premiers complimens, on se mit à table. Miss faisait les honneurs avec cette grâce aisée qui ne la quittait jamais. Milord et ses amis d'Angleterre mangeaient ; le docteur et les dames soutenaient la conversation. J'étais vis-à-vis du tableau qui cachait le portrait de Milord ; je grillais de le faire paraître. J'approchais, je m'éloignais; et je me serais trahi, s'il eût été possible qu'on eût quelques soupçons, ou qu'on me remarquât au milieu de dix à douze domestiques qui servaient avec moi.

Le second service était sur table. Je sentais que les acteurs de Miss ne tarderaient pas à venir. Il fallait les aller recevoir, les ranger, les faire entrer; je n'avais plus qu'un moment, et je me décidai. Je coupai le cordon qui attachait le grand tableau; il tomba avec un fracas qui fit retourner toutes les têtes, et les dames et le docteur s'écrièrent à la fois : « C'est Milord, » c'est lui, il est frappant. » Le docteur se leva, prit le portrait, le présenta à Milord, qui l'examina attentivement, et regarda sa fille. « Ce n'est pas moi, » papa, lui dit-elle. Je l'avoue en rou- » gissant, cette idée ne m'est pas ve- » nue. » Le portrait passa de main en main, reçut des éloges à la ronde, et j'étais content..... oh ! j'étais content!...

Qu'on se mette à ma place. Le docteur jura à Miss que le portrait était d'elle, et elle lui soutint le contraire. Les dames la pressèrent d'en convenir, et elle se défendit avec vivacité. Elle reprit le portrait, l'examina de nouveau, et dit : « Ce ne peut être que mon maître. Pas
» du toute, reprit Milord, il y a des
» vers qu'une maître de dessin il ne peut
» pas m'adresser. Des vers ! des vers !
» s'écria le docteur; voyons les vers...
» Ils sont dans un enfoncement om-
» bragé par des fleurs...... — C'est de
» l'immortelle, dit Miss. — Lisons les
» vers, continua le docteur. » Il fit au *essai ayez* une légère grimace qui échappa à tout le monde, hors à l'auteur, qui n'y comprit rien, et il finit par trouver les vers pleins d'ame et de délicatesse. Tous les yeux se reportèrent sur Miss. « Je n'aurais pas écrit
» autre chose, dit-elle; mais encore
» une fois ce n'est pas moi.—C'est donc

» le diable, reprit Milord. » Un valet, qui faisait l'entendu, s'approcha de l'oreille du docteur. Celui-ci se leva avec vivacité. « Mesdames, mesdames,
» s'écria-t-il, Happy va nous mettre
» dans la confidence : c'est lui qui a fait
» tomber le tableau qui masquait le
» portrait. — Parlez, mon hami, me
» dit Milord. — C'est moi qui... — Qui
» avez été chargé de placer le portrait,
» reprit le docteur; mais par qui? —
» C'est moi qui... — C'est moi qui,
» poursuivit Milord... Finissons. Qui a
» fait cette diable de portrait ? — C'est
» moi, Milord... — Qui avez dessiné
» cette peinture? — Oui, Milord. —
» Ne mentez pas, me dit Miss avec un
» regard sévère. » A ces mots j'éprouvai un mouvement de dépit, et je montai à ma chambre, d'où je descendis, les bras chargés de mes dessins, depuis mon premier œil jusqu'aux esquisses du portrait de Milord. Je déposai mes

œuvres aux pieds de miss Juliette, et je lui dis à demi-voix : « Je ne vous dis » pas tout; mais je ne mens jamais. — » C'est lui, c'est lui ! s'écria-t-elle, » d'un air que je ne lui avais jamais » vu. C'est lui.... et je l'accusais.... » Elle se tut et rougit. Ah, ah! dit Milord. C'est extraordinaire, dirent les dames. Mais, en vérité, ce n'est pas mal du tout, poursuivit le docteur : et on parla d'autre chose.

J'entendis plusieurs voitures qui arrêtaient à la porte : je sortis. C'étaient les acteurs de Miss, qui s'étaient entassés dans des carrosses de place, et qui riaient aux éclats en se démêlant les uns d'avec les autres. Je tremblais que Milord ne vînt à la croisée; mais il n'était pas curieux; et quand il était à table, il ne se levait pas aisément. Je priai la joyeuse recrue de monter en silence, et sur la pointe du pied. Je la fis entrer dans la salle, où était dressé l'ambigu. Là, je déclarai que Miss m'avait nommé maître des cérémonies. Je distribuai les corbeilles de fleurs à six demoiselles, très-jolies, mais qui ne valaient pas à elles six.... Je priai les jeunes gens de déposer leurs instrumens, et de prendre les guirlandes; j'engageai l'un d'eux à passer au piano quand il en serait temps, et je rentrai.

On servit le dessert : Miss me fit signe, et les portes s'ouvrirent. Cette brillante jeunesse défila au son d'une fanfare, et fit le tour de la table en marchant en mesure d'un air tragi-comique. Les jeunes personnes présentèrent leurs corbeilles à Milord, et l'embrassèrent. Les jeunes gens formèrent sur la table un berceau de leurs guirlandes; et pendant que le docteur admirait le choix et la fraîcheur des fleurs, qu'il s'extasiait sur la douceur de leur parfum, on se disposa à commencer la pièce. Elle joignit au rare mérite d'être courte, le mérite plus rare encore d'être écrite avec délicatesse et sentiment. C'était une fille tendre, qui tremblait pour les jours d'un bon père, qui le pressait de demeurer dans un bocage riant, où il n'avait rien à craindre de la méchanceté des hommes, ni de la fureur des loups. C'étaient des bergers et des bergères, qui lui promettaient de veiller sur lui, et d'embellir ses derniers jours. C'était enfin l'ouvrage de Juliette, dont l'ame, pure comme un beau jour, s'exhalait dans des vers qui n'étaient pas très-corrects, mais qui étaient vrais comme la nature. Milord s'attendrit insensiblement; ses larmes coulèrent, et il ne pensa point à les cacher. Il cherchait sa fille; elle était près de lui, et elle tomba dans ses bras. Les actrices s'assirent auprès de leurs mamans; les acteurs prirent des serviettes et servirent leurs bergères. Le marasquin arriva : il multiplia les saillies; il ajouta à la gaîté, et bientôt on ne s'entendit plus.

Voilà le moment, disaient au docteur deux femmes fort aimables qui étaient à ses côtés ; voilà le moment, frappez le grand coup. Le docteur se leva, s'essuya la bouche, se la pinça, toussa, demanda un moment de silence, et parla.

« Avouez, Milord, que les plaisirs
» de l'Angleterre sont bien froids com-
» parés à ceux-ci. Vous raisonnez à
» Londres, vous jouissez à Paris. Voyez
» cet aimable désordre, cette joie naïve
» qui brille dans tous les yeux, la ten-
» dresse de votre fille, l'empressement
» de vos amis; descendez dans votre
» cœur, soyez vrai, et convenez que
» vous êtes heureux. Cette scène de
» bonheur peut se modifier de mille
» manières différentes, et se renou-
» veler tous les jours. » Puis s'essayant sur un ton plus grave, il ajouta : « Votre
» santé est parfaite, votre embonpoint

» est réduit; il y a trois mois vous pou-
» viez à peine vous tenir à cheval;
» vous marchez facilement aujour-
» d'hui; vous mangez avec appétit,
» vous riez quelquefois, et vous re-
» tourneriez à Londres! Non, Milord,
» vous resterez ici : je vous l'ordonne
» au nom de la médecine; ces dames
» vous en prient au nom de l'amitié. »

Elles se levèrent à l'instant, s'appro-
chèrent de Milord, le cajolèrent, le
caressèrent, le pressèrent; Miss lui présenta une procuration, qui autorisait
son homme d'affaires à vendre tous
ses biens. Milord se fit un peu prier;
sa fille tomba à ses genoux; Milord
prit la plume et signa. Le docteur fit
le paquet, le cacheta, et j'allai le char-
ger à la poste.

Quand je rentrai, la table était levée.
On s'était mêlé dans le salon; on ne
respirait que le plaisir. Un couple cau-
sait dans un petit coin; un autre, à la

faveur d'un innocent duo, dévoilait le secret de son cœur; les uns dansaient, les autres riaient; Milord écoutait, regardait, et trouvait tout bien.

Place, place, dit une des dames en conduisant au piano une jeune demoiselle, qui s'en défendait pour la forme. Les jeunes gens courent dans la pièce voisine, prennent leurs instrumens; vingt pupitres sont dressés; on se range, on prête l'oreille, et le concert commence. Les jeunes personnes, fortes et faibles, reçurent le tribut d'éloges qu'on accorde plus souvent à l'usage qu'à la vérité. Enfin on pria Miss de se faire entendre à son tour. Elle éludait, elle n'était pas en train, elle avait chaud, etc. Sa résistance me piquait : elle était d'une force supérieure, et j'étais certain qu'elle éclipserait ses rivales. Milord la prit à l'écart et lui dit : « J'ai » fait ce que vous avez voulu : faites » quelque chose pour moi. — Ces de-

» moiselles sont faibles, répondit-elle,
» je ne veux pas les humilier. » Je l'entendis, et je l'admirai. Trente personnes joignirent leurs instances à celles de Milord : il eût été ridicule de se défendre davantage ; elle le sentit, et céda.

Elle toucha un concerto avec une précision, une netteté, une expression, qui enlevèrent les suffrages. Une jeune dame lui présenta ensuite une ouverture qu'elle tira de sa poche. « Elle ne
» connaît pas cela, dit-elle à un mon-
» sieur qui paraissait au mieux avec
» elle. » Miss joua le morceau en badinant. Elle fut applaudie à trois reprises. La dame se mordit les lèvres, et Miss lui rendit sa musique en la remerciant d'une prévoyance qui avait fait valoir son talent.

« Vous n'avez rien entendu, dit le
» galant docteur; nous avons une so-
» nate à quatre mains!.. je ne connais
» rien d'aussi varié, d'aussi piquant; »

et on pressa Miss d'ajouter à l'ivresse qu'on avait éprouvée. « Madame, dit-elle à la femme à l'ouverture, vous jouez tout à la première vue. Vous voudrez bien faire une partie. » La dame balbutia, s'excusa, et refusa. Le docteur insistait. Miss demanda un second, et personne ne se présenta. « J'en suis fâchée, dit-elle en regardant la dame en question; le morceau est joli, et je le joue assez bien. — Je ferai la seconde partie, lui dis-je tout bas. — Vous, Happy ! — Moi. — Cela ne se peut pas. — Je vous ai dit que je ne mens jamais. Venez, me dit-elle avec force; vous êtes étonnant en tout. » Nous nous mîmes au piano; un léger murmure se fit entendre. « Commençons, me dit Miss; du courage et de l'aplomb. » Le cœur me battait avec violence; je sentais mes doigts s'engourdir, et je m'aperçus que Miss me couvrait dans certains passages. Le plus profond silence régnait dans la salle; on semblait épier le moment de me prendre en défaut. J'en vins à une roulade extrêmement difficile, et je la passai avec le brillant et la rapidité de l'éclair. Toutes les mains partirent à la fois. Des bravos multipliés me rassurèrent, et je me remis. « Chan- » geons de partie, me dit Miss quand » nous fûmes au rondeau : tous les » solos sont dans la mienne. »

Il n'est pas possible à un artiste de désirer un prix plus doux de ses travaux que celui que j'obtins dans cette délicieuse soirée. On oublia l'orphelin, l'infortuné, le domestique de Milord; on ne vit que l'homme, et on me prodigua ces expressions flatteuses qui sont sans prix quand elles ont le caractère de la vérité. Miss ne me dit pas un mot. Elle me serra la main : qu'eût-elle dit qui valût cela?

Je me levai et on m'entoura; je voulus sortir, on me retint. Le docteur me parla chimie, et je lui dis que je n'étais pas médecin. Il me parla littérature ; je répondis conséquemment. Il fit le grammairien ; je lui prouvai que je l'étais. Le docteur ne concevait pas comment je savais tout cela. Je le conçois à merveille, lui répondait Miss. Tous les hommes m'interrogeaient à la fois ; les femmes attendaient ma réponse, et souriaient avant que j'eusse répondu.

Milord fendit la presse, et me prit gravement par la main. « Messieurs,
» dit-il, quand un homme, dans mon
» pays, il se distingue de la classe com-
» mune, nous oublions les torts de la for-
» tune, ou si nous nous en souvenons,
» c'ette pour les réparer. Cette june
» homme, il a été mon domestique ; il
» sera désormais mon hami. Happy,
» embrassez-moi. » Je me jetai à son cou, et des larmes abondantes furent ma seule réponse. Tous ces messieurs

m'embrassèrent à leur tour, et l'aimable docteur me présenta aux dames, qui se prêtèrent avec grâce à ce qu'elles appelaient ma réhabilitation. Miss était la dernière. Je m'arrêtai devant elle. Ses yeux étaient baissés, un vif incarnat colorait ses joues. J'éprouvais une émotion qui m'était inconnue ; un feu, que je n'avais jamais senti, passait de mon cœur dans mes veines, et circulait avec mon sang. Miss et moi, nous étions immobiles, à deux pas l'un de l'autre. Milord me poussa par l'épaule, et m'ordonna de l'embrasser aussi : je touchai sa joue, et je tombai sur le parquet.

Le docteur fit appeler un chirurgien, et voulut qu'on m'ouvrît la veine. Miss l'assura que mon incommodité ne venait que d'un excès de joie, causée par le changement de ma condition. Le docteur avait prononcé, et ses jugemens étaient sans appel. Pour moi, je me sentais oppressé ; je ne connaissais pas la cause de cette oppression, et je me laissai faire.

On exigea que je me misse au lit. Je n'en avais pas la moindre envie, et pour cette fois je ne fus pas du tout de l'avis du docteur. Il insista de manière que je ne pouvais résister sans me rendre coupable de lèse-médecine : il fallut obéir.

Bientôt j'entendis danser, et je m'emportai intérieurement contre le trop prévoyant docteur, qui me privait d'une partie des agrémens de la soirée. J'aurais eu tant de plaisir à contempler Juliette ! Je me la représentais rasant légèrement le parquet; je voyais ses mouvemens souples et moëlleux, sa physionomie animée et décente, lorsque ma porte s'ouvrit. C'était Juliette : elle s'était échappée un moment. Elle prit une chaise, s'assit près de mon lit, me demanda comment je me trouvais, et, après un silence, elle me dit d'un

ton pénétré : « Je vous ai fait de la peine,
» Happy : j'ai pu vous croire capable
» d'un mensonge ! Papa vous a bien
» vengé ; mais ce n'est pas assez pour
» moi. Happy, me pardonnez-vous ? »
Elle s'était levée ; sa main, appuyée sur
mon chevet, soutenait son corps, qui
était penché vers moi ; sa bouche touchait
presque à la mienne, je respirais son
haleine, et je me sentais brûler. Je saisis sa main, et je la couvris de baisers.
Mon cœur, mon ame, tout mon être
était sur mes lèvres, s'épuisait sur cette
main, et y reprenait une nouvelle vie...
« C'est trop, me dit Juliette d'une voix
» entrecoupée, c'est trop.... L'expé-
» rience m'éclaire.... Happy, nous ne
» sommes plus des enfans. » Je ne
voyais, je n'entendais rien.... J'osai porter sa main sur mon cœur.... Elle fit un
effort, la dégagea, et s'éloigna avec vivacité. Elle tenait la porte entr'ouverte ;
sa tête se tournait encore vers moi ; son

œil humide se fixait sur le mien; elle ne pouvait l'en détacher. « Happy, me dit-elle enfin, je ne vous reproche rien; mon imprudence seule a tout fait. Souvenez-vous toute votre vie que vous avez oublié un moment et mon père, et Juliette, et vous-même, et l'honneur. » Je joignis mes mains en suppliant; j'allais m'accuser, demander grâce; elle sortit sans vouloir m'entendre.

Je me calmai insensiblement. Je réfléchis, je m'interrogeai, je me trouvai coupable, et je frémis. « Je vois clair dans mon cœur, m'écriai-je. J'adore Juliette, et ce fatal amour me livre à des maux qui ne doivent plus finir. Je suis aimé autant que j'aime, et c'est un malheur de plus. La naissance, la fortune, les préjugés, la raison même, tout sépare des êtres que tout devrait unir. Juliette!... Juliette! je m'immolerai à ton repos et

» à ton père ; je te fuirai, tu m'oublie-
» ras, tu seras heureuse avec un autre :
» j'en mourrai ; mais j'aurai fait mon
» devoir. »

Je passai le reste de cette nuit cruelle à combattre mon amour et à lui céder alternativement. Au point du jour, ma tête était vide, mon corps fatigué, et je m'assoupis insensiblement.

FIN DU PREMIER VOLUME.

www.ingramcontent.com/pod-product-compliance
Lightning Source LLC
Chambersburg PA
CBHW051907160426
43198CB00012B/1786